■ 中国体育学文库

| 体育教育训练学 |

高水平竞技体育训练与科研创新研究

国家体育总局干部培训中心　编

北京体育大学出版社

策划编辑：吴　珂
责任编辑：吴　珂
责任校对：田　露　井亚琼
版式设计：杨　俊

图书在版编目（CIP）数据

高水平竞技体育训练与科研创新研究 / 国家体育总局干部培训中心编. -- 北京：北京体育大学出版社，2022.1

　ISBN 978-7-5644-3551-6

　Ⅰ.①高… Ⅱ.①国… Ⅲ.①竞技体育—运动训练—成果—汇编②竞技体育—科研成果—汇编 Ⅳ.①G8

中国版本图书馆CIP数据核字(2022)第009095号

高水平竞技体育训练与科研创新研究
GAOSHUIPING JINGJI TIYU XUNLIAN YU KEYAN CHUANGXIN YANJIU　　国家体育总局干部培训中心　编

出版发行：北京体育大学出版社
地　　址：北京市海淀区农大南路1号院2号楼2层办公B-212
邮　　编：100084
网　　址：http://cbs.bsu.edu.cn
发 行 部：010-62989320
邮 购 部：北京体育大学出版社读者服务部 010-62989432
印　　刷：北京昌联印刷有限公司
开　　本：710 mm × 1000 mm　　1/16
成品尺寸：170 mm × 240 mm
印　　张：10
字　　数：152 千字
版　　次：2022年1月第1版
印　　次：2022年1月第1次印刷
定　　价：85.00元

编 委 会

前　言

　　为了全方位学习美国在高水平竞技体育运动训练和体育科研方面的最新成果，在国家留学基金委的大力支持下，国家体育总局于2017年9月至12月举办了"竞技体育训练及科研创新人才公派出国留学班"。

　　本次出国留学共有19名学员，均为国家体育总局第二批"中青年专业技术人才百人计划"培养对象。本次留学在学习安排上采用单独编班、单独授课、模块化教学的方式。每部分授课内容既相互独立，又有内在联系，形成了知识纵向延伸与横向拓展，加大了学习的深度与广度。同时，在学习形式上灵活多样，既有课堂教学、实践体验，也有观摩考察、学习讨论、撰写论文，多种学习形式有机衔接。

　　在学习过程中，学员结合自己的专业背景和工作实际，认真学习、强化实践，全方位、大视角、多领域地学习了美国体能训练方法、运动营养补充、运动人体科学在竞技体育训练中发挥作用的原理和机制等方面的先进理念和最新科研成果，吸收了美国职业体育运动队在科医人员构成、保障机制、运行模式以及教练员培训、训练计划制订等方面的具体做法与经验。

　　学习期间，学员在充分吸收学习所得的基础上，分组进行了课题研究，并认真撰写了个人总结。为了交流和宣传此次留学成果，并向有关职能部门提供咨询参考，我们将学员课题研究和培训总结编辑成集。在本书的编辑过程中，我们得到了国家体育总局人事司及北京体育大学领导的重视和关心，以及北京体育大学出版社的大力支持，在此一并致以衷心感谢。

　　由于我们水平有限，书中不当之处在所难免，敬请读者批评、指正。

本书编委会

目　录

课题研究

学员论文

国家体育总局2017年竞技体育训练及科研创新人才公派出国留学班总结

一、领导高度重视，学习方向和目标明确

国家体育总局2017年竞技体育训练及科研创新人才公派出国留学班，是国家体育总局为培养竞技体育训练及科研创新人才而举办的一次境外集体留学，得到了国家留学基金委的大力支持。国家体育总局和国家留学基金委的各级领导对此项工作高度重视，精心部署，周密安排，制订了明确的学习目标与详细的学习任务。

出国前，留学班在北京体育大学进行了专门培训。国家体育总局人事司、国家留学基金委主管部门的领导做了学前动员和部署，进一步明确了本次出国留学的宗旨、意义和应注意的事项，并从不同角度对此次留学提出了具体要求。北京体育大学、国家体育总局体育科学研究所的领导和专家，为全体学员进行了精彩的专题讲座。在海外学习过程中，根据总局部署，留学班成立了临时党支部，为留学保驾护航。国家体育总局干部培训中心与留学班建立了联系与反馈机制，定期了解留学班的学习生活情况。各级领导对此次出国学习的高度重视、精心部署与周密安排，确保了此次海外留学的学习质量和效果。

二、学习内容丰富，形式多样，效果明显

本次出国留学在学习安排上采用单独编班、单独授课、模块化教学的方式。学习内容丰富，涉及面宽广，既有运动生理学、运动解剖学、运动生物力学、运动营养学、康复医学等运动训练学科基础性教学内容，也有体能训

练、技术训练等实践性教学内容，还有体育管理、体育产业、体育教育、器材开发等拓展性教学课程。每部分授课内容既相互独立，又有内在联系，形成了知识纵向延伸与横向拓展，拓展了学习的深度与广度。同时，在学习形式上灵活多样，既有课堂教学、实践体验，也有观摩考察、学习讨论、撰写论文，多种学习形式有机衔接。

校方为留学班精心安排了高水平的授课教师，既有学术研究成果丰硕的资深教授，也有实践经验丰富的一线教练员；既有单项协会负责人等体育管理人员，也有运动防护师、物理治疗师、体能训练师等竞技体育训练领域的专家。授课教师教风严谨，授课形式活泼，既注重理论和实践相结合，又注重跨学科知识的运用，更注重新的理念与研究成果如何在运动训练、大众健身、产业经营等领域解决实际问题，使其发挥最大作用和取得最佳效益。尤其是著名营养专家丹·贝纳多特教授从能量动态平衡、即时平衡、人体代谢、营养补剂、体重和运动能力等方面全方位、多视角地对运动营养理论与实践的解读，运动科学与健康系肌肉生物学实验室的克里斯托弗·P.英格尔斯博士20多年在运动损伤与骨骼肌的研究方面取得的一系列的研究成果，体能训练师彼特·A.罗勒德对功能性运动筛查（FMS）的理解和实践运用，美国单板滑雪板与空中技巧协会的迈克·马隆介绍的有关滑雪项目中青少年运动员培养、教练员培训、赛事开发管理等方面的内容，都给学员们留下了深刻的印象。在此过程中，学员们听得认真、看得仔细、问得广博、想得深入、讨论热烈，取得了显著的学习效果。

三、紧密结合任务要求，增强学以致用的针对性

在学习过程中，根据国家体育总局的指导思想和具体目标任务要求，学员们结合自己的专业背景和工作实际，做到认真学习、强化实践，全方位、大视角、多领域地学习了美国的体能训练、运动营养补充、运动人体科学等方面的先进理念和最新科研成果；吸收了美国职业体育运动队在科医人员构成、保障机制、运行模式以及教练员培训、训练计划制订等方面的具体做法与经验；对美国体育产业结构模式、人才培养的路径与特点、体育赛事经营

与管理、群众体育开展方法与评价等有了相对深入的了解。

此外，留学班全体学员针对在不同社会制度和不同管理体制下如何借鉴先进经验，以及在中国特色社会主义进入新时代的历史背景下，围绕体育强国战略，如何进一步加强科技助力体育、提升体育科技攻关服务水平、体育人才培养进一步与国际接轨、更好地服务于我国体育事业发展、完善地方运动队体育科技服务的队伍建设与服务模式等问题进行了辩证思考；利用学习的空余时间，组织部分学员开展了以"地方省市如何做好体育科技攻关服务工作"为主题的专题研讨；组织学员围绕地方省市体育科研人员的队伍建设、服务方式、运行模式、激励机制等方面问题进行了热烈的研讨和经验交流，取得了良好的成果，使学到的知识和经验更具有可借鉴性。

四、政治理论学习不放松，坚定体育强国建设的信心、决心

留学期间，喜逢党的十九大胜利召开，留学班全体学员为党的十九大胜利召开感到无比的激动和自豪。习近平总书记所作的十九大报告大气磅礴、内涵丰富，三万多字的报告纵观历史、展望未来，浓缩了五年来中国共产党治国理政的经验与启示，描绘了从现在到21世纪中叶的宏伟蓝图。报告中一系列新思想、新论断、新提法、新举措受到广泛关注，引发强烈反响。

党的十八大以来，中国共产党紧密结合新的时代条件和实践要求，以全新的视野深化对共产党执政规律、社会主义建设规律、人类社会发展规律的认识，并进行了艰辛的理论探索，经过不懈努力，终于取得了重大理论创新成果，形成了习近平新时代中国特色社会主义思想。习近平总书记在党的十九大报告中指出，新时代中国特色社会主义思想是全党全国人民为实现中华民族伟大复兴而奋斗的行动指南。身为国家体育总局优秀中青年专业技术人员和体育科技工作者，更应深入贯彻落实习近平新时代中国特色社会主义思想，以马克思列宁主义、毛泽东思想、邓小平理论、"三个代表"重要思想、科学发展观为指导，坚持解放思想、实事求是、与时俱进、求真务实，坚持辩证唯物主义和历史唯物主义。

国家体育总局干部培训中心为保证各位党员在赴美学习期间能够及时地了解和学习党的各项政策和精神，更好地激励和促进留学学员在美期间的党务学习和交流工作，特在培训班成立之初，成立了国家体育总局竞技体育训练及科研创新人才公派出国留学班党支部，支部成员由科研班19名科研人员与教练班20名教练员组成，由史东林同志担任党支部书记，负责组织和主持在美留学期间的党务学习和交流工作。

在党的十九大开幕之际，党支部组织全体留学学员收看中国共产党第十九次全国代表大会开幕会盛况。大家一致认为，总书记的报告高屋建瓴，立意深远，内容丰富，振奋人心。报告确立了一系列新的重大理论观点和思想，对今后五年和未来一个时期中国改革发展作出了新的战略部署。在观看直播的过程中，全班同学全神贯注、认真聆听。

开幕会结束后，史东林书记和张欣班长组织了班级学习党的十九大会议精神交流会。交流会上，大家积极踊跃发言并纷纷表示：听了总书记的报告，深受鼓舞，过去五年，以习近平同志为核心的党中央带领全国人民砥砺奋进，国家经济社会发展所取得的伟大成就世界瞩目，振奋人心。在异国他乡，学员们切身感受到了国际社会对习近平新时代中国特色社会主义思想和中国特色社会主义建设所取得的伟大成就的高度赞誉，也更加真切地感受到只有在中国共产党的坚强领导下，才能实现中华民族伟大复兴的中国梦，实现体育强国梦。通过学习，更加激发和坚定了学员们要以更为振奋的精神、更加昂扬的状态，为实现体育强国梦、实现中华民族伟大复兴的中国梦奉献自己的全部力量！

五、创新思维跨项结合，科技助力北京冬奥会

2022年北京冬奥会是中华民族再一次向世界人民展现新世纪、新时期、新面貌的一项体育盛会。此次公派出国留学班是国家体育总局首次成建制地分期分批选派"优秀中青年专业技术人才百人计划"的入选者赴海外留学；同时，首次安排国内优秀的中青年体育科研人员与冬季项目年轻教练员共同赴海外合班学习，并一对一组成小组，为体育科研人员与教练员搭建了沟通与合作的桥梁，达到相互促进、共同提高的目的。这充分体现了围绕体育强

国建设的战略目标，在体育人才培养模式上的突破与创新。在科技助力竞技体育、大力提升冬季项目发展水平过程中的新思路与新举措，为科技攻关服务工作奠定了坚实的基础，搭建了学习与成长的平台。

在美国留学期间，冬季项目教练员与科研人员相处融洽，并在各自专业领域就专项技术、优秀运动队科研保障、优秀青少年运动员跨项选材、运动营养方案制订、体能康复训练及反兴奋剂宣传教育等多方面作了细致深入的交流。

六、科技助力东京奥运与中国体育科研人员的工匠精神

（一）什么是体育科研人员的工匠精神

工匠精神，是指工匠对自己的产品精雕细琢，是一种严谨认真、追求完美、勇于创新的精神。2016年，工匠精神被写进了《政府工作报告》。工匠精神的目标是打造本行业最优质的、其他同行无法匹敌的卓越产品。从事体育研究与服务的科研人员需要配合教练员打造某一运动项目中最优秀的运动员，让运动员的生理机能、运动表现、心理状态达到最佳水平，让其在国际最高水平的比赛中取得胜利。如果每一位科研人员在自己所从事的领域或者服务的项目中，对某一个问题以追求卓越的创造精神，精益求精、一丝不苟、坚持不懈地研究和探索，在工作中能为教练员提供科学的数据分析，能解决教练员在训练中的难题，这就是体育科研人员的工匠精神。

（二）备战东京奥运会为什么需要科研人员的工匠精神

东京奥运会即将开幕，科技如何助力奥运会?如何将中国体育科技甚至中国整体科技的战斗力和内在潜力在较短的时间内凝聚起来、释放出来，最终助推竞技成绩提高，这是一个需要思考的问题。

科技助力奥运固然有很多可以采取的方法与手段，比如，引进先进的技术手段与方法、先进的仪器设备，聘请国外优秀的专家团队讲学，派遣中国

体育科研人员出国培训学习，开展备战过程中关键技术的研究和技术方法手段的创新等。然而，无论是先进技术手段、仪器设备还是研究与创新，这最终都需要科研人员去具体操作和实施，而操作和参与的态度是关乎上述手段能否成功、效率能否最优化的关键。

老一辈革命家与科技工作者已经给我们做出了榜样和表率，我国体育科研工作者只有顽强拼搏、勤劳务实，才能真正地把我国"举国体制"的内在巨大优势激发出来，只有自力更生、勇于创新，才能把我国社会、经济、科技发展的优势体现出来。一流的科技是买不到的，历史早有教训，唯有科研人员奋发图强、勇于探索和创新，才会使我国拥有真正具有国际顶尖竞争力的科技，而这一切的源头就是工匠精神。

（三）助力国家队在东京奥运会上取得优异成绩

习近平总书记在党的十九大报告中明确提出了加快推进体育强国建设。体育强国指一个国家体育的制度完善合理，体育和教育结合完美，体育理念先进，民众体育参与热情高，竞技体育水平高，能兼顾竞技体育和全民体育。

竞技体育是体育的重要组成部分，是以培养优秀的运动选手夺取比赛优胜为主要目标的社会活动。人类在自身的发展过程中不断地追求新的成就、新的突破。创造新纪录、练就新技艺是竞技选手们永无止境的追求，也是竞技体育蓬勃的生命力之所在。毫无疑问，竞技体育的勃勃生机正是我国体育强国建设中的巨大推动力。同时，研究表明，一个国家竞技体育发展水平能推动群众体育的发展，因为竞技体育能给予人们精神上更大的鼓舞，激发人们积极参与体育锻炼的热情。因此，在体育强国的建设道路上，无论是国家竞技体育的发展壮大，还是全民健身活动的广泛开展和体育产业的发展，都需要科研人员的积极参与和不断研究与探索。

（四）如何才能让科研人员在备战奥运中发扬工匠精神

具备工匠精神的科研人员不是短时间就能培养出来的，这需要一个较长的培育过程。多年来，我国培养出了一大批为竞技体育服务的科研人员，曾为我国的竞技体育做出过重大的贡献，并且还在继续努力为备战奥运会服务。在备战东京奥运会的关键时刻，我们还需要更多的基层一线科研及各种保障人员为运动队进行科技服务，解决运动队的关键问题和瓶颈问题，使跳水、乒乓球、羽毛球等优势项目持续领先，使潜优势项目短期内有质的提升，使落后项目奋勇追上，关注每一个夺金点和夺分点，这样才能在东京奥运会上取得预期的成绩。

作为备战东京奥运会的管理部门，应充分采取激励措施和激励政策，在运动队中打下能培养科研人员工匠精神的文化基础，为其努力工作提供坚实的物质和精神保障，建立行之有效又能持续进行的体育科技人员培养和培训体系，让科研人员在工作之中有获得感、成就感、自豪感，这样持之以恒才能培养和发扬科研人员的工匠精神。

（五）建设支撑科研人员在服务中发扬工匠精神的文化体制

在伦敦奥运会前，我国备战奥运会是"举国体制"，备战中的很多事情是通过行政命令或者政策的手段来执行的。随着体育体制的改革，实行扁平化管理，协会实体化、社会团体改革也成为体育改革的重点，让专业的人干专业的事，突出和强化协会的功能。在美国，他们的队伍真正是以主教练为核心，由科研人员、体能教练、物理治疗师、管理人员等组建成的一个团队，这个团队在体制上是利益共同体，"责、权、利"清楚明了。在新的体制下，努力构建一个"训、科、医"一体化的机制，有利于为科研人员厚培创新土壤，让他们扎实工作；有利于鼓励科研人员创新技术和提高科技服务的质量，让科研人员真正愿意为备战奥运会全身心地付出。

（六）建设支撑科研人员在服务中发扬工匠精神的管理文化

一谈到管理，我们首先想到的是管理制度，其实这只是其中很小的一部分。它不仅是一门学科，还是一种文化。运动队的管理文化代表这个队伍的目标、信念、哲学伦理及价值观，是管理精神中最核心、最本质的成分。

在备战东京奥运会的服务中，对科研人员要实行以人为中心的管理，努力培育整个备战队伍的共同价值观，使管理的制度与整个备战队伍的价值观相一致。要避免运动队在管理中出现由某一个人说了算的情况，当然也不能太随意或者太"灵活"地管理，这样会削弱大部分人的工作积极性。因此，在备战工作中，对科研人员的管理要有完整的规章制度、高效的执行力和关系融洽的团队管理队伍。只有在运动队中形成优秀的管理文化，才能充分调动科研人员的工作积极性，发挥其潜能和创造力。

（七）建设支撑科研人员在服务中发扬工匠精神的物质文化

物质文化是指为了满足人类生存和发展需要创造的物质产品及其所表现的文化，不同物质文化状况反映不同的经济发展阶段以及人类物质文明的发展水平。它不单指"物质"，更重要的是强调一种文化或文明状态。随着我国全面进入小康社会，主要矛盾发生了变化，从"物质文化需要"到"美好生活需要"，这反映的是社会的进步和发展阶段的提高。人民美好生活的需要日益广泛，不仅对物质文化生活提出了更高要求，而且在民主、法治、公平、正义、安全、环境等方面的要求日益增长。

在目前的情况下，我国为竞技体育服务的科研人员大多来自基层，他们可能远离家乡、远离亲人，但他们同样肩负着家庭的责任，同样也需要物质生活的保障。他们向往着美好生活，也希望获得尊重和认同。我们建议建立系统合理的科研人员保障制度，保障其在国家队科研服务期间的衣食住行，在物质上有满足感，在精神上有获得感，解决一切后顾之忧，让其能专注于一线科研工作，并为国家队在东京奥运会和北京冬奥会取得优异成绩奉献力量。

六、严格遵守组织纪律，展示良好精神风貌

全体学员应牢记学习要求，在学习生活中，树立全局观念，严格要求自己，遵守组织纪律，表现大方得体，举止文明礼貌，展示作为我国中青年体育科技骨干应有的良好风貌。留学班学员均制订了学习计划，认真完成课程笔记和每周小结并撰写了三次研讨提纲，完成了结业论文，同时留学班学员每周将学习情况以"学习概览"形式向国家体育总局进行书面汇报。大家互

帮互助、互相支持、团结一致，圆满完成了学习任务。

最后，衷心感谢国家留学基金委、国家体育总局为我们创造良好的学习机会，搭建了学习交流和提高的平台；感谢国家体育总局人事司的各位领导和干部培训中心的同志的悉心指导、精心安排；感谢北京体育大学的大力支持！

我们深知肩负的责任，留学班全体学员将以习近平新时代中国特色社会主义思想为指引，深入贯彻落实党的十九大精神，努力把学习成果转化为工作实践的丰厚资源与强大动力，以奋斗的精神开拓进取，为体育强国建设做出新的更大的贡献。

课题研究

运动员能量相对缺乏综合征循证研究进展

执笔人：李红娟　张　援

摘要： 运动员能量相对缺乏（Relative Energy Deficiency in Sport, 以下简称"RED-S"）是指运动员能量摄入不足或训练过度引起的机体能量不足状态，这种低能量状态可改变机体的许多生理功能，包括代谢、月经功能、骨健康、免疫、蛋白合成、心血管系统健康及心理健康状况等。RED-S 是由女运动员三联征演化而来的。研究表明，男性运动员出现低能量供应时也会导致下丘脑—垂体—性腺轴功能低下及骨健康受损。因此，RED-S 是男女性运动员均会表现出的一种低能量状态。2014年，国际奥委会正式提出"运动员能量相对缺乏综合征"这一概念，指出运动员会出现能量不足的问题。本文在美国运动医学学会和国际奥委会医学委员会关于女运动员三联征及运动员能量相对缺乏综合征立场声明的基础上，对运动员能量相对缺乏的循证研究进展进行综述，为保护运动员的健康提供最新的循证研究证据，为建立适合我国国情的RED-S干预体系提供参考。

关键词： 运动员能量相对缺乏综合征；女运动员三联征；立场声明；决策树

由于体力活动的健康益处远远大于其健康风险，因此，美国运动医学学会（以下简称"ACSM"）鼓励所有人群参与体力活动和体育运动。1992年，ACSM首次提出"女运动员三联征"这一概念；1997年，ACSM首次发表了女运动员三联征立场声明；2005年11月，国际奥委会（以下简称"IOC"）一致通过了由医学委员会（以下简称"IOCMC"）提出的关于防治女运动员三联征的提案，坚持把保护运动员的健康作为IOCMC的首要任务；2007年，ACSM对1997年版的女运动员三联征立场声明进行了更新，并提出新的建议用于女运动员三联征的筛查、诊断、预防和治疗。近年来的研究表明，男性运动员出现低能量供应时也会出现下丘脑—垂体—性腺轴功能低下及骨健康受损。因此，2014年IOC正式提出"RED-S"这一概念，通指男女性运动员所表现出的一种低能量状态，并制定了专业的医学评估系统，用来评估和管理运动员相对能量缺乏的风险。本文在ACSM和IOCMC关于女运动员三联征及运动员能量相对缺乏综合征立场声明的基础上，对运动员能量相对缺乏的循证研究进展进行综述，为保护运动员的健康提供最新的循证研究证据，为建立适合我国国情的RED-S干预体系提供参考。

一、概述

（一）女运动员三联征

女运动员三联征是指女性运动员出现的能量供应不足、月经功能异常和骨质疏松症三种病症之间的相互关系，其临床表现：进食障碍、功能性下丘脑性闭经、骨质疏松。长期训练过度消耗或能量摄入不足引起的能量负平衡是三联征发生的根源。

在女运动员三联征中，低能量储备（有或没有进食障碍）、功能性下丘脑性闭经、骨质疏松症三者单独或协同对运动员或参与高强度体力活动的女性构成了严重的威胁。这些临床征象对女性健康造成潜在的甚至是不可逆转的影响。因而，迫切需要开展女运动员三联征预防、早期诊断和治疗。女运动员三联征中每个临床征象都可被认为是一个临床结局，每个临床结局演变过程均相互联系，且都有一个介于健康和疾病之间的谱带。大多数情况下，这三种症状不是同时出现，但长期的能量负平衡对健康和运动表现的影响是非常严重的，三种症状同时出现的后果往往是运动生涯的终结，或是危及生命。

女运动员三联征中三种征象的动态变化过程（图1），描述了运动员能量供应、月经功能和骨密度的分布范围。随着运动员的饮食和运动训练的变化，其能量供应、月经状况和骨密度处于动态变化之中。膳食摄入量减去锻炼消耗的能量被称为可供应能量，可供应能量直接影响参与新陈代谢的激素，间接影响雌激素水平和月经功能，从而影响骨密度。图1右上角为正常状态，左下角代表不健康的情况，即长时间高强度运动没有增加膳食能量摄入，或严格限制饮食和临床进食障碍的运动员。图1中的浅色箭头表示在这一动态变化的中间过渡状态的可供应能量、月经功能和骨密度，而运动员其他的健康状况可能不受影响。轻中度减少能量供应可能诱发亚临床的月经紊乱、轻度抑制雌激素及代谢性激素的分泌，并不足以导致骨密度降低到远落后于同年龄组女性的情况。随着运动员的饮食和运动习惯的变化，其能量供应、月经状况和骨密度沿着这一过渡范围在一个方向或其他方向以不同的速度变化着。能量供应在一天之内都可以有所变化，但对月经状况的影响不会在一个月或几个月内发生明显变化，对骨密度的影响在一年之内可能都不会被察觉到。

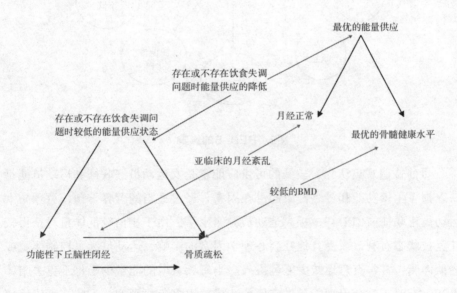

图1 女运动员三联征动态变化过程

（二）RED-S

RED-S是指男女性运动员所表现出的一种低能量状态，这种低能量状态可改变机体的许多生理功能，包括代谢、月经功能、骨健康、免疫、蛋白合成、心血管系统及心理健康状况（图2）。这一概念是由女运动员三联征演化而来的。RED-S可由于能量摄入不足或训练过度消耗引起，主要表现为运动员可供应能量的不足。

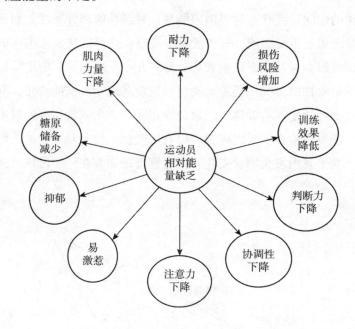

图2　RED-S的影响

目前普遍观点认为，较低的可供应能量是女运动员三联征和运动员能量缺乏损害生殖功能和骨骼健康的潜在因素，经过适当的营养干预，可预防女运动员三联征或RED-S，提高运动员健康水平。由于相信较低体重对获得较佳竞技状态有利，或受其他社会心理学因素的影响，运动员为了控制体重或降低体脂，常常有意地减少能量摄入。当每天获取的能量少于每千克去脂体重30千卡时，就会出现能量供应偏低造成的很多负面影响。一些从事依赖较瘦体形取胜的运动项目的女运动员或通过较高强度体力活动来控制体重的女性往往采取限制饮食的行为，这一人群需要引起特别的关注。为了做好预防和干预工作，要首先加强对运动员、运动员的父母、教练员、健身指导人员、裁判员和管理人员的健康教育工作，运动员应该在初选入队的体格检查中和（或）每年一次的健康筛检中进行三联征和RED-S的评估，一旦运动员出现三联征或RED-S的任一临床症状，应立即进行其他症状的评估。从事运动员管理的工作者也应该考虑更改某些规则以减少不健康的减重行为。应当建立一个多学科的RED-S治疗干预团队，其中应包括医生或其他保健专业人员、注册营养师，针对运动员的饮食失调还需要一位心理保健工作者，另外还应包括获得认证的体能教练员、运动生理学家以及教练员、运动员的父母和其他家庭成员。对于RED-S中的任一组成成分，治疗的首要目的就是通过增加能量摄入和（或）减少运动能量消耗来恢复能量平衡。对大多数运动员来说，提供营养咨询和监测等干预措施可有效预防RED-S的发生发展，但进食障碍伴随的许多心理障碍则需要特殊心理治疗。患有进食障碍的运动员必须按照既定的限制原则进行训练，而且他们的训练和比赛也可能需要调整。目前认为，功能性下丘脑性闭经引起的骨量丢失或骨代谢异常是不可逆或不完全可逆的，而骨量丢失会造成运动员健康受损和运动成绩下降。

二、RED-S的主要表现

表1列出了能量相对缺乏的相关术语。

表1 能量相对缺乏的术语表

术语名称	定义*
RED-S	运动员能量摄入不足或训练过度消耗引起的机体可供应能量不足状态
女运动员三联征	能量供应、月经状况和骨密度之间的关系，可能的临床表现包括进食障碍、功能性下丘脑性闭经和骨质疏松症
能量供应（EA）	膳食能量摄入（EI）减去运动能量消耗（EEE）除以去脂体重（FFM），$EA = (EI - EEE)/FFM$，用单位千卡/千克（去脂体重）或者千焦/千克（游离脂肪的重量）
锻炼的能量消耗	严格地说，运动时能量消耗应包括相同时间内非运动性体力活动的能量消耗，忽略非体育运动的体力活动消耗会低估能量需要量

术语名称	定　义*
饮食失调	各种不正常的饮食习惯，包括限制性进食、禁食、挑食、用减肥药、泻药、利尿剂、灌肠、暴食、狂食后诱吐
进食障碍	临床精神疾病，以不正常的饮食行为，对增加体重的非理性恐惧和对饮食、体重、外表的错误信念为特点
月经正常	年轻的成年女性月经周期中位数为28天，标准差为7天
月经过少	月经周期超过35天，或超出正常月经周期一个标准差
黄体抑制	一个月经周期中黄体期少于11天或孕酮水平低下
无排卵	一个月经周期中无排卵
闭　经	长达90天以上没有月经
骨密度低下	骨密度的Z值位于-2.0至-1.0区间内**
骨质疏松症	骨密度的Z值≤-2.0，同时存在骨折的其他危险因素（例如，营养不良、低雌激素血症、骨折史等）

* 这些定义适用于从事体力活动和体育运动的绝经前妇女和青少年女性。
** Z评分为个体的骨密度与相同年龄、种族和性别人群进行比较的相对水平。

（一）低能量供应

在ACSM于2007年发表的女运动员三联征立场声明中，可供应能量指的是饮食摄入的能量扣除运动消耗后用于维持身体其他功能的能量，即将能量供应定义为膳食能量摄入减去运动能量消耗除以去脂体重。能量供应的变化是不论运动员是否有进食障碍，其获得的能量从最优的能量供应到低能量供应的情况。当能量供应过低时，由于生理性保护机制，机体将会减少作用于细胞修复、体温调节、生长和繁殖等功能的能量。这种代偿机制往往有利于恢复能量平衡和满足生存需要，但会损害健康。

部分运动员通过增加运动消耗来降低能量供应，有的运动员则减少膳食能量摄入，从而减少能量供应。一些运动员甚至采取病理性的进食行为，例如禁食、狂食及诱吐，或服用减肥药、泻药、利尿剂等。

一些有进食障碍的运动员往往伴随有其他心理障碍，如神经性厌食症，这是一种以极度限制进食为特点的饮食失调，即使已经至少低于同年龄身高标准体重的15%，患者仍认为自己超重并且极度害怕增加体重。而神经性贪食症通常体重正常，但存在病理性进食行为，即有着不可控制的进食欲望，有暴食或狂食的行为，进食后又因担心发胖，常采取诱吐等方法来避免暴食之后引起的肥胖。不满足神经性厌食症或神经性贪食症所有标准的个体则被归类为非特异性进食障碍。

（二）月经功能紊乱

2007年发表的女运动员三联征立场声明指出了从月经正常到闭经的月经功能的变化（表1）。月经过少是指月经周期的时间间隔超过35天，但无黄体不足和无排卵的症状。

正常情况下，超过90天的月经周期是比较少见的。因此，闭经是指停经持续3个月以上。闭经发生在月经初潮后称为继发性闭经，原发性闭经是指初潮年龄推迟。由于目前女性月经初潮普遍提前，因而界定原发性闭经的年龄从原来的16岁改为15岁。动物实验清楚地表明，青春期之前能量不足会抑制生长，延缓发育。许多回顾性调查已经证明，运动员比非运动员月经初潮出现晚，但这种调查存在固有偏倚。有一项前瞻性研究曾试图探讨运动训练与初潮年龄的关系，研究者发现，芭蕾舞演员的月经初潮较相同体重和身高的非舞蹈演员出现得晚。

（三）骨密度低下

2007年发表的女运动员三联征立场声明中提出了骨密度从最优的骨骼健康到骨质疏松的变化范围（表1）。骨质疏松症被认为是以骨骼力量减弱从而增加骨折风险为特点的一种骨骼代谢失调。骨骼的强度和骨折的风险取决于骨密度和骨矿物质的内部结构及骨蛋白的质量。虽然骨密度只是评价骨强度的一个方面，但目前筛查与诊断骨质疏松症仍然是基于对骨密度的测定。成年人的骨质疏松症并非总是由于骨矿物质的加速丢失造成的，也可能是由于在童年和青春期没有足够的骨质沉积或没有达到骨量峰值所致。

没有一个绝对的骨密度阈值能够预测骨折的发生。因此，将存在发生骨折风险的骨密度水平作为诊断骨质疏松症的做法被认为是不可行的。世界卫生组织（以下简称"WHO"）诊断骨密度低下和妇女绝经后骨质疏松的标准，是将个体的骨密度和普通人的骨密度峰值进行比较，从而得出一个T分数。骨密度在预测绝经后妇女骨质疏松性骨折方面具有较高的可靠性和独立价值，骨密度每降低一个标准差则发生骨折的可能性就增加一倍。

1997年，ACSM发表的女运动员三联征的立场声明中详细说明了有关诊断女运动员骨密度低下和骨质疏松的WHO的专用标准。然而，关于青少年和绝经前妇女骨折和骨密度关系的流行病学数据比较缺乏，尚没有一个在控制骨的形状、青春期发育阶段、骨骼成熟或成长阶段、儿童的身体成分等之后骨密度的调整标准。因此，无法仅根据骨密度来预测这类人群中个体的骨折风险。由于缺乏对于营养不良、雌激素低下、承受长期高强度训练负荷的年轻女性骨密度和骨折关系的纵向数据，女运动员三联征问题越来越严重。

近期，国际临床人体密度协会（以下简称"ISCD"）发表的官方声明指出，WHO用于诊断骨密度低下和骨质疏松症的标准，并不适用于绝经前妇女和儿童。ISCD建议，这些人的骨密度用Z值代表，它是与同年龄同性别的对照骨密度比较的相对值，并且对于绝经前妇女，Z值低于−2.0被称为"低于相应年龄参考范围的骨密度低下"，Z值低于−2.0的儿童被称为"以时间年龄为参照的骨密度低下"。而且，在这些人中，只有当骨密度低下伴有短期内骨密度丢失、骨折的风险增加和伴发的临床风险因素增加时才能被诊断为骨质疏松。这些伴发的危险因素包括慢性营养不良症、饮食失调、性腺机能减退、使用糖皮质激素和骨折史等。ISCD的建议已经得到美国社会骨矿研究所、国际骨质疏松基金会和美国临床内分泌协会的认可。

从事体重耐受项目运动的运动员通常比非运动员的骨密度高5%~15%。因此，骨密度的Z值低于−1.0时，即使在事先没有骨折的情况下也需要对运动员进行进一步检查。ACSM将营养不足、雌激素低下、应力性骨折及（或）其他临床危险因素，同时骨密度Z值为−2.0~−1.0定义为"骨密度低下"；为了预测脆性和骨折风险，ACSM将存在骨折的临床危险因素，同时骨密度Z值低于−2.0定义为"骨质疏松"。

女运动员的骨密度，反映了她既往能量供应和月经状况的累积效应，以及其遗传因素和其他营养的、行为的和环境的因素的综合效应。因此，综合考虑其骨密度目前所处的状态及骨密度变化趋势是很重要的。闭经的出现并不会立即造成骨质疏松症，但会使骨密度朝着骨矿丢失的方向发展。同样地，恢复正常月经周期并不能立即恢复最佳的骨骼健康状况，但骨矿沉积的增加，有利于改善其骨密度。

三、RED-S的健康后果

无论是否有进食障碍的问题，持续的低能量供应都会损害健康。进食障碍还常常伴随心理问题，如躯体自尊下降、抑郁、焦虑等，其并发症累及心血管、内分泌、生殖、骨骼、胃肠道、肾、中枢神经系统等。与普通人相比，神经性厌食症患者死亡率增加6倍。一项研究显示，5.4%的进食障碍运动员自杀未遂。虽然有83%的神经性厌食症患者可部分地康复，但体重、月经功能和饮食行为的完全康复率只有33%。

黄体功能不全的运动员可能会由于卵泡发育不全或者胚胎着床的失败而导致不孕。闭经运动员雌激素低下的后果，包括内皮依赖性的动脉血管舒张功能受损，这会减少骨骼肌的血液输送，其不良后果还包括骨骼肌氧化代谢受损、低密度脂蛋白胆固醇水平升高等。

骨密度随着月经周期缺失次数的增加而下降，并且丢失的骨密度可能不会完全恢复。应力性骨折多发生在从事体力活动且月经异常的妇女和骨密度低下的运动员身上。骨密度低下的闭经运动员比骨密度低下但月经正常的运动员发生应力性骨折的相对危险度高2~4倍。骨折也会发生在营养缺乏和骨密度较低的情况下。任何与交通事故无关的绝经前骨折史均是绝经后骨折的一个可靠预测指标。

四、筛查和诊断

2007年，ACSM的立场声明列出了指导针对基层运动员医疗服务的临床建议（表2）。ACSM使用美国家庭医生科学院建议使用的证据评价标准，将女运动员三联征相关证据分为如下三级：A级，对于死亡率、发病率、症状、经济费用和生活质量影响方面的一致和高质量的证据；B级，对于相同临床结果的不一致或有限质量的证据；C级，有关生化、病理、生理和病理生理学指标的证据，其中包括激素浓度、骨密度、无症状的月经紊乱（如黄体期较短或无排卵），以及以个案研究、经验共识、惯例、观点为基础的证据。C级证据又细分为两个亚级：C-1，以生化、病理、生理和病理生理学的成果为基础的证据；C-2，以个案研究、共识、惯例、观点为基础的证据。该立场声明也提出了有关女运动员三联征知识的证据。

表2　女运动员三联征证据等级分类表

	项目	等级	亚级（C-1/C-2）
证据描述	严重的营养不良损害生殖功能和骨骼健康	A	
	进食障碍或饮食失调及闭经较常发生在从事以较瘦体形决定运动成绩的运动项目的运动员中	A	
	一般来说，闭经运动员的骨密度较月经正常运动员的骨密度值低	C	1
	月经不规律和较低的骨密度增加了应力性骨折的风险	A	
	存在功能性下丘脑性闭经的运动员，骨密度增加主要依靠体重的增加而不是口服避孕药或激素替代疗法	C	1
供筛查与诊断的临床建议	应该在运动员初选测试或年度健康筛查时甄别三联征	C	2
	具备三联征中一个征象的运动员，也要对另外两个征象进行评估	C	2
	有进食障碍的运动员，应求助于心理医生进行评估、诊断和治疗	C	2
	诊断功能性下丘脑性闭经时，应除去其他原因引起的闭经	B	
	发生应力性骨折及闭经超过6个月或月经过少或进食障碍、饮食紊乱时，应评估骨密度	C	2
临床治疗建议	女运动员三联征的多学科治疗团队应包括医师（或其他卫生保健专业人员）、注册营养师、针对运动员进食障碍或饮食失调的心理医生	C	2
	女运动员三联征首次治疗的目的是通过增加能量摄入和（或）减少能源消耗从而增加能量供应，恢复能量平衡，没有饮食失调问题的运动员应该进行营养咨询	C	1
	对于存在限制饮食行为的运动员应该提供咨询，让她们知道必须增加体重，才有可能增加骨密度	C	1

项目		等级	亚级（C-1/C-2）
临床治疗建议	进食障碍的治疗应包括营养咨询和个体精神疗法，认知行为、集体治疗、家庭治疗也可以采用	B	
	进食障碍或饮食失调的运动员中未能接受治疗的运动员可能会被限制训练和比赛	C	2
	存在功能性下丘脑性闭经问题的运动员，给予非药物干预，补够营养，体重恢复后仍有骨密度降低时，只有16岁以上的运动员才能考虑采用口服避孕药的方法	C	2

目前，已有一些关于诊断和治疗女运动员三联征的临床指针的研究。对女运动员三联征进行筛查是非常困难的，因为它的健康后果并非总是显而易见。尽管因女运动员三联征受累的运动员通常集中在某些瘦体重依赖的运动项目中，但是女运动员三联征中一个或多个征象可能发生在参加任何项目的运动或习惯高强度体力活动的个体。筛查女运动员三联征需要了解各组成成分之间的关系、每个组成部分的临床变化过程、沿某个变化方向移动的速率等。理想的筛查机制应该是在初选运动员体格检查和年度健康检查时都筛查三联征相关征象。当运动员出现相关的问题，如闭经、应力性骨折，或经常受伤、患病时，也应进行筛查。当女运动员出现三联征其中的一个症状时，应当对三联征其他症状也进行评估。

由于目前对进食障碍的诊断和治疗重视不够，因此，在运动员初级保健中应当确定相应的诊断和治疗的参考依据。在初级保健中使用的新的筛查工具应该进行检验。即使不满足神经性厌食症或神经性贪食症的所有诊断标准，保健人员也应提供早期和综合的干预，因为对非特异性饮食紊乱（ED-NOS）的早期识别和干预能够防止运动员最终形成进食障碍。虽然达不到临床进食障碍的诊断标准，但限制饮食、诱吐等行为的确能够减少能量供应。对这些既往行为的调查很重要，因为其对骨的影响是累积性的。它们可能反映了个体具有限制饮食、诱吐及其他不良饮食行为模式的一种趋势。

（一）患者既往史

应该获取有关能量摄入、饮食习惯、体重波动、饮食行为和运动能量消耗方面的信息。躯体自尊下降、害怕体重增加和月经功能障碍在存在进食障碍或饮食紊乱的运动员身上是较常见的。饮食紊乱的运动员应转由心理健康医生做进一步评估、诊断和提出治疗建议。月经史及其他与骨密度低下相关的因素，如应力性骨折史，也应加以评估。

（二）身体检查

具有女运动员三联征其中一个或多个征象的运动员，应该进行全面体格检查。保健人员应对进食障碍的迹象和症状提高警觉，应当获得有关身高、体重、生命体征指标的数据。在有女运动员三联征征象的运动员中，行动过缓及体位性低血压是常见的，其他表现还有手脚发冷或苍白、多毛和腮腺肿大等。如果运动员由心理健康专家确诊为进食障碍，则应该检查其心电图，因为有时会出现QT间期延长，甚至在血清电解质正常的情况下也会出现。运动员存在功能性下丘脑性闭经的问题时，虽然身体检查通常是正常的，但骨盆检查中则可能出现雌激素低下与阴道萎缩等相关症状。

（三）实验室测试

患有进食障碍或饮食失调的运动员，最初的实验室评估应包括电解质、血液生化指标，以及完整的血细胞计数与分类、血沉、甲状腺功能测试、尿液常规检查等。不过，由于正常参考值的范围较广，即使存在严重营养不良的个体实验室指标也可能正常。因此，卫生保健人员不应该过于相信正常的测试结果，因为功能性下丘脑性闭经不是通过血液测试来诊断的，而是通过排除其他造成闭经的原因而诊断的。继发性闭经的初步评价，包括早孕测试和促性腺激素卵泡刺激素（FSH）、黄体生成素（LH）的测试，这样可以排除卵巢功能低下，并检查因多囊卵巢综合征（PCOS）出现的LH/FSH比值增加，另外，进行催乳素测试以排除泌乳素瘤，促甲状腺激素测试排除甲状腺疾病。如果在体检时有雄激素过量的证据，可能还需要获取游离睾酮和硫酸脱氢表雄酮（DHEAS）的指标值，用以评价是否有多囊卵巢综合征、卵巢或肾上腺雄激素分泌瘤或先天性肾上腺增生症。功能性下丘脑性闭经时，血清皮质醇轻度上升，而极度升高则提示库兴氏综合征。可直接测试血清雌激素水平，也可通过孕激素激发试验（即服用甲孕酮，每日一次，每次10毫克，连续服用7~10天）间接评估雌激素。有功能性下丘脑性闭经的运动员，其促性腺激素低或正常，雌激素低下，催乳素和促甲状腺激素均在正常范围。雌激素低下的运动员孕激素激发试验不反应，但有些运动员月经临近恢复时在孕激素激发下会出现月经。

其他的检查可能包括病人的病史，以及评估原发性闭经的体格检查。如果在经过3~6个月的治疗后月经没有恢复，尤其是运动员发生了骨折，则建议咨询在治疗女运动员三联征方面经验丰富的医师或生殖医学专家。建议在诊断功能性下丘脑性闭经时，排除其他原因引起的闭经（证据种类B）。

（四）骨密度测试

存在雌激素低下史，累计6个月或更长时间的进食障碍或饮食失调和（或）有应力性骨折史或极小创伤造成的骨折等情况时，需测试骨密度。骨密度测试采用双能X射线吸收法（DEXA）。低能量供应对骨密度产生影响的阈值可能受个体遗传因素的影响，闭经运动员之间骨密度存在很大差异，并且其差异与不同的运动项目及骨骼形态等有关。诊断骨密度低下或骨质疏松症是基于骨密度的最低Z值来判断的，脊柱和髋部（股骨颈或髋关节）两个部位都应该测量。20岁以下的个体，首选脊柱或全身骨密度测试。功能性下丘脑性闭经运动员的桡骨骨密度可能是正常的，而腰椎骨密度往往是下降的。

因此，建议骨密度应该在应力性骨折或极小创伤造成骨折时进行评估，闭经、黄体功能不足、饮食失调、进食障碍等持续6个月以上也需进行骨密度测试（证据种类C-2）。

五、RED-S的预防和治疗干预建议

期望骨密度完全恢复的治疗宣告失败，骨转换和骨形成的脱耦联、骨吸收的增加导致了骨密度降低，且不可逆转。中度的能量限制抑制了骨形成，即使没有临床月经失调等表现，雌激素低下仍会使许多青少年难以达到她们遗传潜力所能达到的骨密度峰值。

预防和治疗RED-S应该采用综合干预的方法，综合干预团队应包括医生或其他保健人员（助理医生或护士）、注册营养师和有针对运动员进食障碍或饮食失调问题的心理健康医生（证据种类C-2）。在专业运动队，卫生保健人员应具备饮食失调行为的识别能力和进食障碍的相关知识，这样才能更好地理解这些项目运动员的需求。另外，重要的团队成员可能还包括认证的体能教练、运动生理学家、教练员、运动员父母和其他家庭成员。

（一）预防

运动员管理人员和整个医疗团队的目标应该是通过健康教育的手段预防女运动员三联征的发生，应把重点放在优化能量供应的干预上，还应特别注意保证儿童和青少年运动员骨密度最大限度地自然增长，以维持运动员一生的骨骼健康。对于儿童青少年，应进行与她们年龄相符的营养需求的健康教育与咨询，其中包括钙和维生素D以及规律的负重锻炼对于骨骼健康的益处。月经失调和（或）能量供应不足、存在或不存在饮食失调或进食障碍的运动员，应当开展以下风险预防的健康教育，包括骨密度自然增长的受损、骨密度的下降、骨质疏松症和应力性骨折等。

同其他组织一样，ACSM建议各个国家和国际机构的体育组织把程序和政策落到实处，以消除对女运动员有潜在危害的病理性减控体重行为。

（二）治疗干预

1. 非药物的治疗

在针对闭经运动员的队列研究和个案研究中，伴随着体重的增加，骨密度每年可增加5%。对于神经性厌食症运动员，在大多数的研究中可以看到，伴随着体重的增加，骨密度每年可增加2%～3%。因此，治疗女运动员三联征的首要目的是恢复月经周期和增加骨密度，以调整饮食和运动训练计划，从而增加能量摄入而减少能量消耗，使这些指标同时得到改善。增加能量供应达到高于每天每千克去脂体重30千卡时，月经周期可能会恢复，但骨密度增加和体重增加的密切联系意味着增加骨密度可能需要大于每天每千克去脂体重45千卡的能量供应。对于健康的年轻妇女来说，这个值是符合能量平衡的。应该向存在限制饮食行为的运动员传递这样一个信息：为了增加骨密度，增加体重是必要的。关于这一结论，还需要更多的研究来确定。

受女运动员三联征影响的运动员，应该求助于能提供营养咨询和能量供应评估的营养师。对训练、饮食、低体重、体重波动等的干预都应该加以讨论，并且还需要足量的营养素如钙、维生素D和维生素K。补充钙和维生素D可能是必要的。对于患女运动员三联征的运动员摄入更大量的钙和维生素D是否能增加骨密度、减少骨折的发生，还需要进行更多的研究加以确定。对于从事剧烈运动训练的女运动员，蛋白质的需求量（每天每千克体重1.2～1.6克）比大众的需求量（每天每千克体重0.8克）更高。增加能量供应应当坚持下去，直至在训练和比赛中月经得以恢复和保持。

对于患有进食障碍或饮食失调的运动员，其治疗目标应当是改善整体营养状况，规范饮食行为，提高认知，处理情绪问题，治疗成功的基础是运动员和保健人员互相信任的关系。年龄越小的运动员，家庭的参与应越多。此外还有营养咨询和个别心理治疗，包括认知行为、团队意识和家庭治疗等。

正在接受饮食紊乱或进食障碍治疗的运动员必须符合继续进行训练和

比赛的最低限度的标准才可以继续进行训练和比赛。运动员必须同意：①遵守所有治疗措施；②配合保健专业人员密切监控；③把训练和竞赛中的治疗放在优先位置，并且依据体格检查情况决定训练或比赛计划；④调整训练的类型、时间和强度。必要时可以签署书面协议。运动员与保健人员保持密切及连续的沟通是至关重要的。如果运动员不接受治疗，违反协议或者饮食行为失控，并且体重没有得到改善，她可能会丧失训练和竞赛的资格。

建议：治疗的首要目的，是通过增加能量摄入量和（或）减少能量消耗以增加能量供应。没有饮食紊乱或进食障碍的运动员，应求助于营养咨询（证据种类C-1）。存在限制性的饮食行为的运动员，应当被告知增加骨密度必须增加体重（证据种类C-1）。进食障碍或饮食失调的治疗包括营养咨询和个别心理治疗。认知行为、群组治疗和（或）家庭治疗也可使用（证据种类B）。不遵守治疗规定的饮食紊乱和进食障碍的运动员，可能需要对其训练和比赛加以限制（证据种类C-2）。

2. 药物治疗

抗抑郁药往往是用于神经性贪食症、体重恢复后的神经性厌食症、伴随抑郁的焦虑障碍。没有一种获准使用的药物能证明可以完全恢复功能性下丘脑性闭经妇女的骨密度。被诊断为功能性下丘脑性闭经的93位妇女，在两种药物治疗或无治疗之间任选其一，8年后有30%的妇女还没有恢复月经周期。激素替代疗法没有任何益处，并且口服避孕药延迟和降低了月经周期恢复的可能性。骨密度降低者身体均没有得以恢复，而骨密度增加的所有女性，其身体都得到了康复。

在对功能性下丘脑性闭经女性的两项对列研究中，她们被施以激素替代疗法，骨密度每年增加小于4%，但这一结果没有在第三次试验中得到证实。在一项对神经性厌食症患者的队列研究中，当调整体重增加的因素后，激素替代疗法的作用不显著。对于运动员和存在功能性下丘脑性闭经却没有进食障碍的女性运动员来说，为了增加骨密度而口服避孕药的措施，其效力受到混杂因素的影响，并伴随一些随机的临床三联征症状。有的队列研究和随机对照实验发现部分人得以康复，而有的病人则没有康复，并且治疗过程中伴随的体重变化往往没有记录。一项研究报告称，在增加骨密度的同时体重也有增加；另一报告称，体重增加的影响超过了口服避孕药的效果。在任何前瞻性研究中，无论是激素替代疗法还是口服避孕药都不能增加神经性厌食症女性的骨密度。

必须强调的是，通过口服避孕药治疗而恢复正常月经周期，并不能使有损骨形成及骨健康和功能的代谢因子正常化。因此，这种治疗方式不可能完全扭转该人群骨密度低的状况。存在持续的功能性下丘脑性闭经、饮食失调和（或）骨密度低下的女性，其骨密度应每年都进行监测。16岁以上、持久的功能性下丘脑性闭经的运动员，尽管有足够的营养摄入量和体重，但其骨密度下降，口服避孕药可被视为尽量减少进一步骨丢失的方法。由于担心骨小板的过早闭合和缺乏，这一疗法不支持在16岁以下青少年运动员中运用，且目前也没有关于"何时"或"是否"对16岁以下的青少年运动员使用口服避孕药的方法治疗功能性下丘脑性闭经的建议。

批准用于治疗绝经后骨质疏松症的双膦酸盐类药物不应该用于治疗年轻的功能性下丘脑性闭经运动员，原因有两个：首先，未经证实其用于育龄妇女是否有效；其次，双膦酸盐类药物可能在女性骨骼蓄积多年，对孕期胎儿的生长造成潜在的伤害。

如果运动员进一步治疗的目的是恢复生育能力和怀孕，则应使用促排卵剂，如克罗米酚及外源性促性腺激素。运动员应当被告知：一个营养不良的母亲在不改善她的饮食习惯时，即存在生出一个低体重孩子的风险。

显然，对于功能性下丘脑性闭经运动员，需要更多的研究来找到有效增加其骨密度的获准或新型的激素疗法。在研究中，应密切监控骨密度及其他因素，以区别药物及非药物疗法的效果；也需要对其他类型的药物疗法进行研究。增加能量供应和性腺功能的恢复是治疗女运动员三联征的关键，此观点也有待进一步研究。

证据陈述：功能性下丘脑性闭经的运动员，其骨密度的增加与体重的增加更为密切，而非口服避孕药或激素替代疗法（证据种类C-1）。如果16岁以上功能性下丘脑性闭经运动员伴有骨密度的减少，无论其营养状况和体重如何，都应该考虑使用口服避孕药（证据种类C-2）。

（三）女运动员三联征干预体系决策树

IOCMC关于女运动员三联征防治方案中，根据运动员所处危险性的阶段不同，提出三支主要的应对决策树，指导卫生保健人员对存在女运动员三联征危险的运动员进行早期干预，确保运动员的健康与竞技状态。

闭经决策树和骨质疏松决策树如下（图3、图4）。

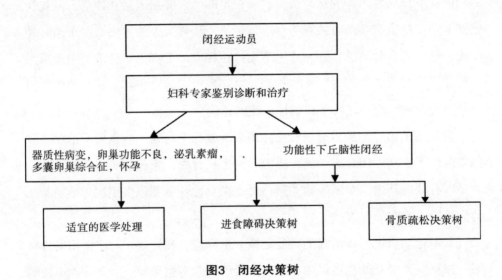

图3 闭经决策树

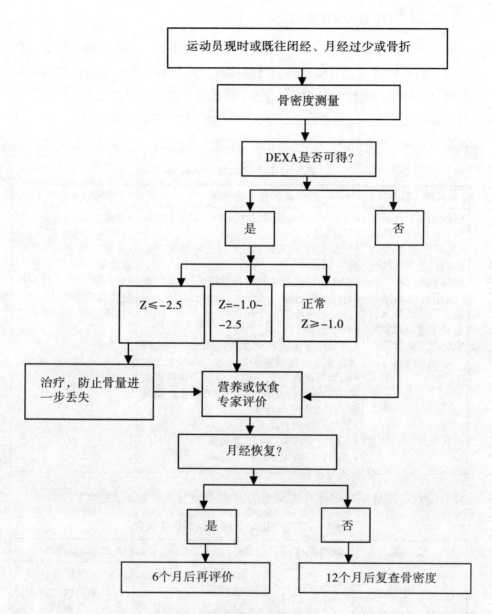

图4 骨质疏松决策树

（四）RED-S的管理

2014年，IOC提出RED-S立场声明的同时，给出了RED-S的评估和管理工具，通过收集运动员既往史和身体检查结果数据，评估后给出参与运动的建议。RED-S风险评估模型（表3）将运动员能量缺乏状况分为红色、黄色、绿色三个组，分别对应高、中、低风险。红色组需要停止所有运动，黄色组需要制订个体化的训练计划并密切监督，绿色组可以参与所有运动。

表3 RED-S风险评估模型

高风险（红色）	中风险（黄色）	低风险（绿色）
• 神经性厌食或其他严重的进食障碍 • 与低能量供应相关的其他严重的生理或心理问题 • 使用极端的减体重手段导致脱水、电解质紊乱或其他威胁生命的状况	• 双能X射线骨密度仪（DEXA）测定的体脂率持续低下 • 较快的体重降低（一个月内降低体重的5%~10%） • 青少年运动员生长发育受损 • 月经周期异常、闭经 • 月经初潮年龄高于16岁 • 骨密度低下 • 与低能量供应和激素紊乱相关的应力性骨折史（一次或多次） • 运动员出现与低能量供应、进食障碍相关的生理或心理合并症，如心电图检查异常、实验室检查异常 • 长期能量相对缺乏 • 不良限食行为影响了其他队员 • 干预治疗效果不佳或无反应	• 健康的饮食习惯，无能量供应不足 • 正常的激素水平和代谢功能 • 骨密度正常，满足相应运动的需要 • 健康的骨骼肌肉系统

决定运动员恢复训练时需考虑的因素和决策因素如下（表4）。

表4 RED-S运动员恢复训练指导模型

步骤	风险调控	标准	RED-S特异性标准
步骤1：健康状况评估	医学因素	人口统计学指标 症状 医学既往史 体征 实验室测试 心理健康评估 潜在严重医学问题	• 年龄、性别、反复节食、月经功能、骨健康状况、体重波动情况、激素、电解质、心电图检查、DEXA • 抑郁、焦虑、进食障碍、激素和代谢功能异常 • 应力性骨折

步　骤	风险调控	标　准	RED-S特异性标准
步骤2：参与运动风险评估	运动风险因素	运动类型 场上位置 竞技水平	• 体重敏感型、瘦体形运动个人、团队项目 • 优秀运动员、休闲运动
步骤3：决策	决策调整	时机与赛季 压力水平 外部压力 利益冲突	• 赛季或非赛季，旅行、环境因素 • 比赛欲望 • 教练、所属队伍、运动员家庭和赞助商

六、结语

伴有或不伴有进食障碍的低能量状态、功能性下丘脑性闭经、骨质疏松症三种征象单独或同时出现，对从事高强度运动或体力活动的女性构成了重大的健康威胁。从事女运动员健康相关工作的人员应优先考虑预防、识别和治疗这些临床症状，以确保规律锻炼的最大效益。RED-S不仅出现于女性运动员之中，也出现于男性运动员和参与高强度体力活动的人群。能量相对缺乏状态不仅要考虑一天出入量的平衡，更要考虑是否存在实时的可供应能量缺乏。运动员长期的能量相对缺乏对健康和运动表现的影响是巨大的，ACMS和IOCMC对女运动员三联征和RED-S的立场声明为解决运动员可供应能量缺乏的问题提供了指导，国内在运动员健康管理中应将能量相对缺乏的评估与管理列为一个重要的健康问题进行考虑。

参考文献

[1] YEAGER K K, NATTIV A, DRINKWATER B, et al. The Female Athlete Triad: Disordered Eating, Amenorrhea, Osteoporosis [J]. Medicine and science in sports and exercise, 1993, 25（7）：775-777.

[2] MOUNTJOY M, SUNDGOT-BORGEN J, BURKE L, et al. The IOC Consensus Statement：Beyond the Female Athlete Triad-Relative Energy Deficiency in Sport （RED-S） [J]. British Journal of Sports Medicine,

2014，48（7）：491-497.

［3］MOUNTJOY M，SUNDGOT-BORGEN J，BURKE L，et al. The IOC Relative Energy Deficiency in Sport Clinical Assessment Tool （RED-S CAT）［J］. British Journal of Sports Medicine，2015，49（21）：1354.

［4］李红娟，邢文华. "女运动员三联征"的研究现状及其能量平衡调节机制［J］. 体育科学，2006，26（8）：33-36.

［5］李红娟，王利红. 女运动员三联征循证研究进展［J］. 广州体育学院学报，2012，32（5）：93-101.

我国现代体能训练的现状、问题与发展路径

执笔人：高炳宏　曹　洁

摘要： 从20世纪90年代末开始，体能训练逐渐进入我国高水平运动员备战奥运会的实践训练中。经过近20年的发展，我国现代体能训练发生了巨大变化。在竞技体育领域，中国女子排球、田径、游泳、自行车等项目在世界大赛上取得了骄人的成绩，这与他们重视体能训练密不可分；在大众健身领域，普通老百姓对于增肌、塑形、减重及提高各种身体素质的训练越来越重视，我国现代体能训练呈现出蓬勃发展的态势。

我国现代体能训练的发展历程分为四个阶段：一是理论引进阶段，即20世纪90年代末至2004年；二是学习消化阶段，即2004年至2008年；三是吸收应用阶段，即2008年奥运会后至2012年；四是蓬勃发展与创新阶段，即2012年奥运会后至今。

我国现代体能训练面临的主要问题：一是现代体能训练起步较晚，理论研究落后于实践；二是现代体能训练理论与实践体系呈现"碎片化"状态；三是现代体能教练培养体系尚未形成；四是竞技体育与全民健身发展结构不平衡。

我国现代体能训练的未来发展路径：一是系统整合，推进我国现代体能训练体系的理论与实践由"碎片化"向"系统化"转变；二是重视体能教练员在训练中的地位，逐步建立现代体能教练培养系统；三是建立适合我国国情的现代体能训练理论与实践、培训与认证体系。

关键词： 体能训练；现状与历程；主要问题；发展路径

体能训练是训练理论与实践的核心问题，也是提高运动成绩的关键所在。在职业体育蓬勃兴起和各类赛事数量增加、规模扩大的背景下，竞技体坛的体能竞争也日益激烈化。体能不仅成为全球竞技体育发展的热点话题，也成为运动训练研究人员关注的焦点。20世纪90年代末，体能训练的理念被引入我国，但长期以来，我国体能训练理念仅局限于耐力训练和力量训练，训练形式主要是跑步训练和大强度力量训练，不仅没有对提高运动员运动能力起到应有的积极作用，而且在一定程度上成为制约我国相关运动项目发展的瓶颈。

体能训练逐渐进入我国高水平运动员备战奥运会的实践训练当中。在体能训练过程中，我国不仅对训练方法和手段进行了大幅度的创新，而且吸收了伤病预防与运动康复等新的训练理论与方法。注重对动作质量的把控、对人体核心部位的重新定位、"两极化"耐力训练模式的提出以及高强度训练和短距离速度训练理论与实践的探索，是近年来世界竞技体能训练的关注热点，其研究进展对我国竞技训练实践具有重要启示。

本文系统梳理了我国近20年体能训练的发展历程、存在的主要问题以及未来的发展路径，旨在厘清我国近年来体能训练认识方面的问题与偏差，为推动我国体能训练事业、推动科学化水平的提升提供参考。

一、我国现代体能训练的发展历程

综合大量文献与相关资料，笔者总结并分析了我国现代体能训练的发展脉络，认为现代体能训练的历史发展应分为四个阶段。

（一）理论引进阶段：20世纪90年代末至2004年

20世纪90年代末，随着北京奥运会申办并成功获得主办权，我国体育事业迎来全新发展机遇。20世纪90年代，竞技体育一线训练中逐渐开始重视体能训练，但在认识上是模糊的，缺乏理论支撑，实践上以田径、举重为基础。当时，大部分的体能教练都是田径和举重项目的教练员，主要训练方法也以速度、力量训练为主，训练方法较为单一，专项化程度不高。

为加强我国备战北京奥运会科学化训练水平，国家体育总局先后组织多期高水平教练员和体育专业人才赴德国、俄罗斯、法国、澳大利亚、美国等国家培训交流。培训过程中的一批新的训练理念、训练方法和技术不断地被引入国家队备战重大比赛的训练当中，同时对应用可定量方法的训练过程进行质量监控，特别是对美国、德国等国家的体能训练的一些新理论、新方法感受强烈，引发了我国竞技体育领域的科医人员、教练员对现代训练和体能训练的新认识与新思考。

2001年以后，我国水上项目在备战雅典奥运会期间，在曾凡辉教授的影响下，提出"自主力量训练"的概念，就是利用自身体重和轻器械进行身体训练的一种理念；随后，袁守龙博士等组织翻译出版了《高水平竞技体能训练》（图1），这是国内最早介绍功能训练和功能性运动筛查（FMS）的译著。同时，如何做好不同运动项目专项的体能训练也日益受到教练员、运动员和科医人员的重视，训练过程中也逐渐开始尝试引进一些国外的理论研究成果和实践训练方法；北京市体育科学研究所的闫琪博士组织翻译出版了《游泳专项体能训练》（图2），逐步拉开我国运动项目专项体能训练理论研究与实践应用的序幕。从此，我国现代体能训练的理论与实践工作逐渐走入人们的视野。

图1　国内最早介绍功能训练的译著　图2　国内最早介绍专项体能训练的译著

（二）学习消化阶段：2004年至2008年

为提升备战2008年北京奥运会的质量与水平，从2004年开始，国家体育总局科教司邀请美国国家体能协会（NSCA）有关专家到我国进行体能培训工作，先后举办了四期由美国国家体能协会认证体能训练专家执教的培训。一批理论水平强、实践经验丰富、努力上进、对体能训练特别感兴趣的年轻教练员和科医人员积极参加培训，并进行了美国国家体能协会体能教练（CSCS）考试认证工作。其间，有十多位科医人员与教练员通过了考试，获得了证书。这是我国第一批获得国际体能教练资格认证证书的人员。2006年，在国家体育总局领导的支持下，在国家体育总局人事司、科教司和竞技体育司的指导下，干部培训中心组织了第一批由20多人组成的"国家级教练员赴美体能训练培训班"，到美国国家体能协会、马里兰大学等地进行为期21天的学习，这也是国内第一次全面接触美国的体能训练体系。此后，国家体育总局每年都会派出1~2批教练员和科医人员到美国或其他体育强国去学习，为国内培养了一批从事体能训练研究的学者，把全新的科学体能训练理念引入各支国家队。这一系列的工作逐步打开了我国竞技体育领域国际体能训练的窗口，带动我国现代体能训练从注重抗阻训练向注重训练手段多样化、实用性迈进。

这一阶段，我们采用"请进来，走出去"的方式，在短短几年时间里，数百人参加了国内不同层级的体能教练培训工作，近百人赴国外短期学习运动训练理论与体能训练方法，并系统地对学习过程进行归纳、分析与整理，形成一些理论与研究成果。如国家体育总局选派的国外学习班，每位学员都要系统分析在国外学习期间的各部分内容，整理学习笔记，梳理学习成果，最后编辑成册，出版发行，供广大教练员、科医人员和运动员借鉴与参考。如《体能训练理论与实践研究——国家体育总局2006年国家队教练员体能训练专项培训班赴美国学习考察报告》《高水平竞技运动体能训练研究——国家体育总局2007年国家队教练员体能训练专项培训班赴美国学习考察报告》等（图3）。这些学习成果的总结与出版，为竞技体育训练一线的教练员、运动员、科医人员和管理人员提供了学习国外先进的训练理论与经验的平台，为他们在短期内打开视野、拓展思路，并将部分成果应用于训练实践提供了有效帮助。

图3　赴国外学习的教练员与科医人员学习成果汇编

通过学习与交流，大量国外先进的有关体能训练的理论成果、训练手段与方法被逐步引进，如悬吊训练、振动训练、康复性体能训练、核心力量训练、功能性训练等一批新的训练理论与方法被不同项目的国家队和各省市地方队教练员、科医人员学习，并逐步应用于训练实践。中国的教练员和科医人员在朦胧中逐步学习、消化，在训练实践中摸索适合我国运动员的具体训练手段与方法，并将总结出的有关经验与方法应用于备战2008年的奥运会训练实践中。

（三）吸收应用阶段：2008年奥运会后至2012年

随着2008年北京奥运会的华丽落幕，我国竞技体育实现了奥运会金牌榜第一位，圆满完成了中国人的百年奥运梦想。在备战2008年奥运会的过程中，我国部分学者、科医人员和教练员在训练实践中一边学习国外体能训练代表性的理论成果，一边将这些成果逐步应用到备战奥运会的训练实践中，并在实践中积极分析训练过程，总结训练经验与效果，探讨训练中存在的问题，并逐步形成一些符合我国体能教练培养、训练理论和实践训练方法的理论与应用成果，体能训练理论建设与实践效应逐渐体现。在2008年奥运会后的1~2年中，由上海体育职业学院牵头翻译并出版了美国国家体能协会体能教练培训教材《体能训练概论》，这本译著的出版，为开启我国体能教练职业能力培养奠定了基础，为我国体能教练与国际接轨拓展了途径。同时，我国学者也陆续完成并出版了一些体能训练方面的专著，如由张英波博士编著的《现代体能训练方法》、屈萍博士编著的《核心稳定性力量训练》、孙文新博士编著的《现代体能训练——核心力量训练方法》等。这些由我国学者在学习借鉴国外先进的体能训练理论和实践内容的基础上，再经过2008年奥运会备战过程中训练实践的应用与检验后形成的理论成果，为日后形成我国体能训练理论体系与方法打下良好的基础。

随着2012年奥运会的临近，如何更好地发挥体能训练的作用，更好地为2012年伦敦奥运会不同项目优秀运动员提供训练支持与保障成为这一阶段的重要工作。于是，在国家体育总局科教司、竞技体育司的领导下，在各项目中心、体育专业性大专院校和各省市体科所的支持下，各种国际先进的体能训练理论与方法快速引入国内。例如，（1）理论成果引进。这阶段，我们引进一系列运动训练和体能训练理论与实践的书籍，并由科教司组织专家学者进行翻译并出版发行，作为教练员、科医人员备战过程中的参考资料，这些书籍包括《动作——功能动作训练体系》《运动康复中的有效功能训练》《运动营养与健康和运动能力》《快速伸缩复合训练》《周期——运动训练理论与方法》《运动员过度训练》《耐力训练——运动医学建议》《竞技能力的全面发展——身体功能训练的艺术和科学》等（图4），这些阐释国外先进理论与实践成果的图书出版，为我国体能训练在训练一线、全民健身和高校教育层面的推广起到积极的促进作用。（2）实践训练方法引进。为更好地完成备战2012年奥运会和2013年全运会的工作，国家体育总局竞技体育司和科教司、各省（自治区、直辖市）体育局（北京市、上海市、广东省、山东省等）多次邀请美国国家体能协会、美国AP公司等行业协会和商业机构的体能教练和专家来中国讲课、培训和执教，紧密结合训练实践需求，进一步提升了我国体能训练的实践水平。

图4　本阶段从国外引进并翻译出版的高水平理论研究成果

　　虽然此阶段系统引进了国外高水平的理论与实践成果，表现出引进快、内容广、质量高等特点，实际应用过程中却存在消化吸收程度低、体能训练专业人员稀缺、训练实践应用能力很低等问题；同时，随着我国体育改革开放向纵深方向发展，加快训练创新显得十分重要。面对这些问题，如何解决？国家体育总局、各省（自治区、直辖市）体育局和体育高等院校从国家层面和地方两个层面入手，分别采取多种措施推进工作。

　　1．从国家体育总局层面完成的主要工作

　　一是分别于2009年和2011年组织两批优秀的教练员和科医人员赴美培训，先后赴美国AP训练中心、美国国家体能协会学习，对他们的训练体系进行了系统的学习与分析；二是多次邀请美国国家体能训练专家到国内讲学，组织国内体能训练专家为各省（自治区、直辖市）教练员开展讲座，明显提高了我国教练员对训练理论知识和实践应用方法的认识程度；三是2010年在国家体育总局训练局成立了体能训练中心，把体能训练涉及的工作内容用机构的形式予以加强，为各省（自治区、直辖市）成立体能训练中心做出示范；四是2011年11月，中国奥委会体育部与美国身体功能训练学院签署长期合作协议，我国体能训练实践、研究和人才培养等工作逐步走向国际化。

2. 从各省市体育局和体育高等院校层面完成的主要工作

一是2008—2012年，北京体育大学科研中心、北京市体育科学研究所每年邀请德国、美国的专家到国内讲学，扩大了影响；二是北京市体育科学研究所举办了六届体能专家论坛，并与美国人体运动表现学院合作进行"IHP高级功能性体能教练培训"，初现体能教练培训雏形；三是北京、上海、山东、广东等省市体育局先后成立体能训练中心，主要负责本省市奥运会参赛运动员、全运会各支运动队运动员的体能训练工作，竞技体能训练在我国全面展开；四是本阶段各体育高等院校逐步建立体能训练专业方向，为体能教练人才培养打下了坚实的基础，如2004年北京体育大学成立体能教研室、2007年上海体育学院成立体能教学团队、2011年首都体育学院成立体能教研室，我国现代体能训练理论研究、实践应用和人才培养逐步走上科学发展道路；五是2009年上海成立体能协会，承担并推广美国国家体能协会的培训体系，激活了上海市在体能训练领域的发展，我国体能教练职业能力培训模式已初现端倪。

此阶段，我国体能训练取得一系列理论与实践成果。（1）在理论上，逐渐形成了以核心力量、动作模式、功能训练、动力链等新概念组成的现代体能训练的基本框架与核心，在此基础上提出"身体运动功能训练"这一本土化概念。（2）在实践上，协助运动员在2012年奥运会、2009年和2013年全运会备战中提高专项能力、预防与控制伤病，为奥运会和全运会争金夺银等提供了巨大帮助。（3）在发展上，北京市体育科学研究所率先在国内建立功能性体能训练实验室和科学体能训练研究团队，举办体能训练专家论坛；上海体育科学研究所成立自行车专项体能训练实验室，举办国际运动训练创新论坛；而山东省体科所、广东省体育局、北京体育大学等单位也先后成立体能训练相关的研究室或实验室，以体能训练为专业研究方向进行了大量的探索实践，取得了丰硕成果。

因此，本阶段是系统全面地学习、消化、借鉴、嫁接现代国际体能训练理念、理论和方法的重要时期，成为推动我国训练创新和科学备战奥运会的重要动力。

（四）蓬勃发展与创新阶段：2012年奥运会后至今

现代体能训练从20世纪90年代末引入我国，其发展主线与核心是服务优秀运动员备战奥运会与国内外重大比赛。2012年奥运会后，现代体能训练的概念已被我国广大竞技体育工作者所熟知并认可，且取得了较丰硕的成果，在理论研究和实践应用方面初步形成了"本土化、多元化"的发展特点。近几年，在以服务竞技体育为主导的模式下，体能训练的研究与应用逐步向全民健康、儿童青少年锻炼、老年人康复和特殊人群健身等领域辐射，并形成需求旺盛、蓬勃发展的态势。

1. 竞技体育领域：呈现"本土化、多元化"的发展特点

国家体育总局、各省（自治区、直辖市）体育局为了进一步推进现代体能训练在备战2016年里约和2020年东京奥运会中的积极作用，从以下五方面入手，积极推进竞技体育领域体能训练的科学性、有效性：一是加大了与美国体能训练有关机构的合作力度，同时进行了本土化理论建设和方法创新，推进了体能训练"四位一体化"实践探索；二是2017年成立中国体育科学学会体能训练分会，开展中国体能教练认证培训体系研究，组织《中国体能教练培训教程》的编写工作；三是国家体育总局成立备战里约和东京奥运会身体功能训练团队，联合国家知名体能训练专业机构和国内体育高等院校、科研院所，为备战奥运会提供理论研究、训练实践服务等方面的工作；四是部分体育高等院校成立体能训练专业，加快专业体能和身体运动功能人才培养；五是召开了系列体能训练国际会议和专题会议，出版了一批体能训练教材，全面推进体能训练在竞技体育领域的应用。

2012年伦敦奥运会至今，在竞技体育领域，体能训练在理论研究、实践应用、交流互动等方面均取得了显著成果。

2. 全民健康领域：呈现"内容丰富，门槛较低"的发展特点

国务院在2016年3月17日颁布的《中华人民共和国国民经济和社会发展第十三个五年规划纲要》中明确指出：实施全民健身战略。1996年、2001年、2007年和2015年4次全国群众体育调查数据统计结果表明：我国经

常参加体育锻炼的人数比例逐渐增加，由1996年的31.4%增加到2015年的39.8%；经常参与锻炼人群的运动项目较为多样化，在不同时期，略有不同，而以健身走、跑步为主的健身活动人数占比最高，分别超过总人数的60%，体现出"门槛低"的特点，大众接受程度高。2015年统计结果显示，参与体育活动内容依次统计为健身走、跑步、小球类、广场舞、打球类、健身操、舞蹈、武术、游泳、登山；参与运动的形式，如"个人独自进行体育锻炼""与家人一起锻炼""参加社区组织体育活动"所占比例都有增加。

3. 儿童青少年领域：呈现"刚刚起步，空间巨大"的发展特点

众所周知，近30年来，我国儿童青少年体质与健康水平持续下降。但是，具体分析组成"体质与健康"的指标体系不难发现，其中，健康的指标，如牙齿检查、血液检查、蛔虫卵检查的结果，大部分指标是好转的，只有与体能相关的部分（机能与身体素质）的测试结果是持续下降的。也就是说，随着经济的发展、社会的进步，与健康紧密相关的医学问题大部分得到了解决，而与体质有关的指标问题却越来越严重。通过对中外文献检索与分析发现，国外对儿童青少年体能训练相关的研究主要有以下几个方面：（1）不同形式的体能训练对于改善各种疾病症状有一定效果，如肥胖、脑瘫、唐氏综合征、糖尿病青少年儿童的运动干预研究。（2）体能训练对于提高正常儿童青少年的身体素质，改善运动能力有一定的作用。（3）运动过程中的损伤预防和控制。

目前，我国对于儿童青少年体能的研究相对较少，专家学者对于儿童青少年体能的相关研究关注点更多集中在竞技体育。可见，我国儿童青少年领域的体能研究刚刚起步，还有很多值得探索的地方，无论从大众体质健康，还是从竞技体育市场供求发展都有很大的发展前景和空间。

4. 老年康复领域：呈现"需求旺盛，基础薄弱"的发展特点

据统计，2016年我国65周岁以上老年人口有1.44亿人，占总人口的10.47%，而2005年这一数据为1.01亿人，占总人口的7.70%。十年间，老年人口增长了0.43亿。老年人往往容易患上高血压、糖尿病、骨质疏松症和颈

肩腰椎疼痛等各种老年病。随着生活品质的提高，老年人开始重视自己的身体，面对老年病时，他们往往比较容易听信各种虚假宣传，受骗去买各种所谓的"保健品"，这些盲目、错误的养生保健方式会产生巨大的负面作用。老年人到底该如何养生？正确途径应是由运动康复专业人才对老年人进行身体检查评估及合理饮食和科学运动的指导，千万不可盲目补充"营养品"。本次访学中，佐治亚州立大学的丹·本纳德教授反复强调运动营养品的合理补充，不可过量，否则不仅对身体健康无助，还会影响机体正常营养物质的代谢。

通过查阅文献，目前国内外关于老年人健康的运动处方的相关研究较多，而对于如何进行有效的运动干预以增强失能老年人体质，特别是如何针对失能老年人的肌肉力量开展有效的运动处方干预措施，还存在较大的研究空间。挖掘编创各种适合失能老年人的肌肉力量训练运动处方，可以有效填补目前该领域研究方面的不足，为国内建立全面系统的失能老年人运动干预体系提供理论与实践依据，对全面提高失能老年人体质有着深远的意义。本次学习中了解到佐治亚州立大学在老年人防摔方面的相关研究，如：跌倒是老年人最常见的问题。老年人跌倒会产生严重的不良后果，如软组织损伤、骨折、心理创伤及损伤后长期卧床导致的一系列并发症等，跌倒入院增加了社会和家庭的负担。老年人跌倒与增龄、疾病、认知障碍和不良环境等多种风险因素有关，根据跌倒的风险因素进行针对性的预防跌倒训练，有利于降低跌倒发生的概率及跌倒后损伤的严重程度。

根据我国现状，老年康复领域的需求会逐年增加，成为当今社会亟待解决的问题。然而这种现状与老年康复领域研究基础薄弱、专业人才培养不合理等问题形成矛盾。如人才培养目标不科学、培养体系不完善、课程设置不科学、教与学相分离、师资力量薄弱等。因此，首先需要我们坚持政府主导地位，做好"顶层设计"，制定并完善老年人长期照护相关政策；其次，以社区卫生服务中心为基础，加快发展社区卫生服务，增强社区对居家失能老年人及其家庭的帮扶作用；最后，鼓励社会力量参与，引导多方资源投入到解决该问题上来，加强基础研究，攻坚克难。

5. 特殊人群领域：呈现"虽有开展，水平有限"的发展特点

近年来，特殊人群领域的体能训练也开始受到关注。人们常用"智商"测量人的智能，现在人们开始用"体商"测量人的体能。体商（BQ）是指一个人进行活动、运动、体力劳动的能力和质量的量化标准。体商的高低与性别、年龄、脑力和体力劳动、地区、民族以及是否残疾等有关。对于特殊人群（如：军人、残障人士、戒毒人士、特殊环境下工作的人群等），其体力、脑力、心力对适应外界环境都有特殊要求，其体能需求包括基础体能、专业体能、综合体能，有时候甚至有极限体能要求。

通过查找文献，我国在20世纪80年代出现军事体能方面的相关研究报道，但是研究水平有限，每年公开发表的论文不超过120篇。专业的期刊仅有《军事体育学报》。目前研究内容涉及军人体能训练方法、损伤防护、监控与评估、医务监督、现状与发展等。由于军事话题相对敏感，从事相关工作的人群涉及领域有限，真正从事军事体育运动研究的人群不多。该领域深入研究可能需要不同专业背景和不同职业的人群共同探讨和延伸研究。

在其他特殊人群研究领域中，现阶段的研究也受局限，虽有开展，但研究的广度和深度不足，同时也有较好的发展前景。特殊人群的体能研究，涉及不同研究领域的学科和人群的交叉，区别于传统竞技体育的研究人群，但又有一定的研究基础。特殊人群的体能研究在研究领域中相对小众，但随着学科发展和研究需求，相信相关研究工作还会继续开展和深入。

二、我国现代体能训练面临的主要问题

我国现代体能训练发展历程不到20年，还非常年轻，是从传统力量、耐力型体能训练向现代体能训练转型而来，没有经过长期系统的实践检验。因此，近20年的引进、学习、消化、吸收、应用的过程存在以下问题。

（一）我国现代体能训练起步较晚，理论研究落后于实践

我国现代体能训练发展历程，始于20世纪90年代末，至今只有20年左右。发展初期，均以引进美国等体能训练发展强国的训练方法与技术为主，更多是为了解决训练实践中运动员专项运动能力提高这一核心问题，而对于

采用这种训练方法和手段的原因及机制并不清楚，也无暇顾及，导致理论研究远远落后于训练实践。这可能是我国体能训练整体水平不高、解决实践问题能力较差与专项结合不紧密的主要原因。

（二）我国现代体能训练理论建设与实践应用呈现"碎片化"状态

我国体能训练从20世纪90年代末开始，为提高备战奥运会和世界重大比赛的训练效果，提升运动员专项能力水平，我们开始逐步引进西方体育强国的体能训练方法和相关训练手段。这些训练方法或手段、训练理论或内容包括了功能性训练、自主力量训练、振动训练、悬吊训练、抗阻训练、核心力量训练、康复性体能训练、动作模式、动态拉伸、精准拉伸……虽然这些训练方法在训练实践中经常被教练员、科医人员和运动员所应用，但在专项训练过程中，对于如何根据已经确定的训练目标选择训练方法、制订训练计划、评价训练效果还不是很清晰。如何科学合理地安排不同训练手段，哪些训练手段应该安排在周期训练前期，哪些训练内容应该安排在周期训练中后期，训练强度与训练量如何控制，体能训练过程中如何有效监控训练质量等一系列问题均不是很清晰。因此，我国现代体能训练理论建设与实践应用呈现"碎片化"状态是现阶段最为显著的特征。

（三）我国现代体能教练培养体系尚未形成

1. 我国体能训练人才培养现状分析

（1）有专业，但不够专。目前，我国部分体育高等院校都开设了体能教练方向的本科专业，如北京体育大学、上海体育学院、首都体育学院、武汉体育学院、沈阳体育学院、河北师范大学等，其专业类别划分在运动训练学、运动人体科学中。但这些学校在硬件设施、专业课设置、教师水平、国际合作等方面的综合水平与实力差距较大，专业水准整体不高。

（2）有需求，但缺人才。目前，我国对体能教练的需求量很大，特别是高水平的体能教练，如不同运动项目备战奥运会需要专项体能教练、普通老百姓健身需要体能教练、在"增肌、塑形、控重、运动能力改善"等方面需要体能教练、改善青少年体质的下降情况也需要体能教练……由于目前我国培养体系不完备，体能教练缺口非常大。

（3）有目标，但规划弱。目前，大家都非常清楚体能教练紧缺，应该尽快培养不同类别的体能教练，包括国家体育总局、各省（自治区、直辖市）体育局、体育高等院校、各类健身咨询公司等。虽然总体上也都制定了不同类别体能训练人才的培养目标，但在总体规划的制定、实施方案的落实、各项支持措施的配套方面非常弱，导致我国体能训练人才培养的路径不清晰，制度不规范。

2. 我国体能教练培养方式现状分析

（1）体育类高等院校——专业度不够。近年来，随着社会各方面对体能训练人才需求量的大幅提升，我国许多体育类高等院校都开始设置体能教练方向的本科生或研究生学历教育。因为起步晚，专业设置比较仓促，因此在课程设置上还是以运动训练或运动人体科学专业的课程内容为主体，适当增加了体能训练的相关课程；同时在师资力量方面相对较弱，无论在理论水平方面，还是在体能训练实操技术方面，专业性都相对较差，总体的专业水平不够。

（2）社会与市场体系——系统性不够。由于近年来社会对体能教练的需求量大增，这就促使社会上许多健身咨询公司或国外类似机构蜂拥而上，办理各类短期的与体能训练内容相关的培训班。这类的培训班针对性强、时间短、要求低、拿证快，讲师水平良莠不齐，表现出"短、平、快"的特点，距培养具有一定专业水平的体能教练的要求，在系统性上还有很大差距。

（3）自学与考证结合——成功难度大。由于学历教育和社会市场体系培养体能训练人才存在很多问题，所以很多立志成为体能教练的人采用自我苦练、自我学习的方式，或自己出资寻找名师拜师学艺，然后通过参加国际有关体能教练的认证考试（NCSA、ACSM、ACE、NASM等）获得职业或行业资格认证证书，最终达到成为一名专业体能教练的目标。但这种方式对学习者要求高、花费时间长、成功率较低，因此成功的难度很大。

从上述分析我们可以清晰地看到，虽然我国目前对体能训练人才需求旺盛，但还未有自己的体能训练人才培养体系，这是亟待解决的重要问题。

（四）体能训练在竞技体育与全民健身发展方面结构不平衡

我国现代体能训练的产生与发展是紧紧围绕着"备战奥运会"这条主线的。从近20年的发展历程看，几乎所有的相关内容（理论研究、训练方法与技术、人才培养、国际交流等）均以服务竞技体育为核心，以提高我国运动员在奥运会或世界重大比赛中的竞技能力为最终目标。但随着近些年我国经济的快速发展，老百姓的生活水平越来越高，人们对健康程度的渴望逐步提升，对自我形象的要求不断提高，普通老百姓的健身需求越来越旺盛，对健身体能教练的需求越来越大，但目前我们具有相关职业或行业资格证书的健身教练非常少，健身型体能训练人才培养体系严重匮乏。所以，目前我国在体能训练领域的各方面总体表现出"竞技体育强，全民健身弱"这一明显特征。

三、我国现代体能训练的发展路径

（一）系统整合，推进我国现代体能训练体系的理论与实践由"碎片化"向"系统化"转变

现当代的体能训练体系不仅仅是悬吊训练、振动训练、康复性体能训练、核心力量训练、功能性训练、动作模式、拉伸训练等不同类型的理论与实践，而是应该将这些碎片化的内容进行有机整合，根据不同类型的训练目标，通过运动能力测量、运动能力评估、体能训练计划制订、体能发展目标和体能训练实施五个紧密衔接的过程完成不同类型的体能训练，这是一个非常系统的过程。因此，我国未来体能训练发展过程中，我们必须系统整合体能训练过程中的各种理论、方法和技术，建立以动作和能量代谢为基础、以具体训练内容和方法为途径、以训练质量控制和提高为核心的系统化的现代体能训练理论与实践体系，最终"架起科学与实践之间的桥梁"，从而在我国体能训练领域实现"理论研究和实践操作紧密结合、体能教练专家理

论与实践兼备"这一最终目标。

（二）重视体能教练在训练中的地位，逐步建立现代体能教练培养系统

近年来体能教练在我国高水平运动队备战奥运会过程中的作用越来越突出，在全民健身过程中的地位也越来越重要，因此我们必须建立较为系统的体能教练培养系统。

体育系统应从以下两个层面努力推进：一是竞技体育层面。大力重视国家队备战重大比赛过程中体能教练的地位，配备专职体能教练，让体能教练成为运动训练组织结构中的重要组成部分。二是全民健身层面。必须规范健身教练的任职资格认定，提高专业能力要求，实行分类管理与考核，努力建立现代体能教练培养系统。

众所周知，培养现代体能教练很难通过短期考察和速成培训来实现，应该经过一个长期的过程，特别是培养优秀的体能教练。因此，我国现代体能教练的培养途径应该以大学学历教育（本科、硕士和博士研究生）为龙头，结合国内外有关培训机构（如ACSM、NSCA、NASM等），最终达到学历教育、职业与行业能力培养的有机结合培养目标，逐步建立具有我国特色的现代体能教练培养系统。

（三）建立适合我国国情的现代体能训练理论与实践、培训与认证体系

目前，我国体能训练市场上的培训课程鱼龙混杂，水平参差不齐。未来，建立适合我国国情的现代体能训练理论与实践、培训与认证体系，必须做好以下三方面的工作。

1. 政府做好引导

首先，政府需要全面调研社会对于体能教练的需求状况，并协同相关实施部门和学者做好不同层级的体能教练培养的中长期发展规划；其次，根据已确定的发展规划，制定相应的管理政策，并授权相关大学、行业协会、社会与市场系统完成不同类型的各项工作；最后，政府要依据已制定的发展规

划和管理政策，做好组织、协调和各方面的管理工作，做好管办分离及各方面的引导工作。

2.市场做好运行

未来体能训练理论与实践、培训与认证体系的建设，社会（行业协会）与市场系统将扮演重要的角色。因此，在政府引导和授权的基础上，社会（行业协会）与市场系统主要完成培训认证系统平台的开发与建设，各类培训与认证课程的具体实施，运转过程中与政府相关部门沟通与协调，做好不同领域（如竞技体育、全民健身、教育系统、医疗系统等）技术整合与开发，最终做好未来体能训练理论与实践、培训与认证体系各项运行工作。

3.大学做好支撑

体育专业特色的大学作为体育专业人才培养的高地，未来将在我国体能训练理论与实践、培训与认证体系的建设中扮演重要角色。体育高等院校具有人才集中、专业知识雄厚、科研水平较高、体育特色明显、人才储备丰富等特点，因此，体育专业院校应该在体能教练培训与认证体系建设中承担以下任务：一是培训课程体系研发与修订，培训过程的技术指导与评价；二是培训系统师资的培养与开发，全程参与培训过程；三是开发与制定体能教练培训与认证系统的行业标准；四是做好体能教练专业的建设与发展，为体能教练的培养与发展做好坚实的人才支撑。

综上所述，只有做好上述三方面工作，全面认识现代体能训练系统，清晰地了解我国市场对体能训练人才的需求状况，全面整合国外多个体能教练培训认证体系的精华，才能逐步建立起符合我国国情的现代体能训练理论与实践、培训与认证体系。

四、小结

经过近20年的发展，我国现代体能训练发生了巨大变化。在竞技体育领域，中国女子排球、田径、游泳、自行车等项目在世界大赛上取得了骄人成绩，这与重视体能训练密不可分；在大众健身领域，普通老百姓对于增肌、塑形、减重、提高各种身体素质的训练越来越重视，我国现代体能训练呈现快速蓬勃发展的态势。这20年中，我们不断借鉴、引进、消化、吸收国际体能训练最新理论成果和训练实践经验，总体表现出以下四个变化特点：从方法移植到手段创新、从专著翻译到教程编写、从体能培训到人才培养、从理论引进到学科建设。协助提高优秀运动员专项运动能力的各类体能训练方法、手段与计划已深入到备战奥运会的训练与比赛中，同时以提升健康水平为目标的各种身体素质训练方法也日益普及到老百姓的日常生活中。体能训练在各方面都取得显著进步，表现出"多位一体化"的发展特点，呈现蓬勃发展的新气象，对推动我国竞技体育水平的提升，促进全民健身运动的发展起到了积极的作用。

但我们也要清醒地看到，我国现代体能训练还存在起步较晚、理论研究与实践应用能力远远落后于体育强国、体能训练理论建设与实践应用呈现"碎片化"状态、体能教练培养体系尚未形成、竞技体育与全民健身发展结构不平衡等诸多问题。围绕这些问题，采取积极措施，逐步建立"系统化"的现代体能训练理论与实践体系，完成体能教练培养系统和适合我国国情的现代体能训练理论与实践、培训与认证体系的建设，进而促使我国体能训练科学化水平显著提高，为我国高水平竞技体育理论和实践的发展、全民健康伟大目标的实现做出更大贡献。

参考文献

［1］王卫星，李海肖．竞技运动员的核心力量训练研究［J］．北京体育大学学报，2007，30（8）：1119-1121．

［2］王卫星．运动员体能训练新进展——核心力量训练［J］．中国体育教练员，2009（4）：18-19．

［3］国家体育总局干部培训中心．体能训练的理论与实践研究［M］．北京：北京体育大学出版社，2009．

［4］国家体育总局干部培训中心．高水平竞技运动科学训练研究［M］．北京：北京体育大学出版社，2008．

［5］王芬，侯会生，徐庆雷．借鉴国际现代体能训练理论与实践，

促进我国体能训练科学化水平的提升［J］．北京体育大学学报，2011，34（1）：104-106．

［6］陈小平，刘爱杰．我国竞技体育奥运基础大项训练实践的若干理论思考［J］．体育科学，2009，29（2）：8-14．

［7］陈月亮．我国优秀短距离速滑运动员体能训练理论与实践研究：以500m项目为例［M］．北京：北京体育大学出版社，2010．

［8］李恩荆．影响儿童少年运动能力的形态与机能发展特征研究［D］．北京：北京体育大学，2014．

［9］李山，龚建芳．力量训练分期研究进展［J］．中国体育科技，2012（5）：81-86．

［10］李笋南，齐光涛，宋陆陆，等．功能训练体系分类研究［J］．成都体育学院学报，2015（2）：75-80．

［11］闫琪．中美两国体能训练发展现状和趋势［J］．体育科研，2011（5）：37-39．

［12］闫琪．功能性体能训练在我国的发展［J］．中国体育教练员，2011（4）：34-36．

［13］余维立．体能训练中存在的若干问题与措施——以竞走项目为例［J］．中国体育教练员，2008（2）：8-11．

［14］袁守龙．现代体能训练发展趋势与对策［J］．体育成人教育学刊，2014（1）：41-43，2．

［15］袁守龙．北京奥运会周期训练理论与实践创新趋势［J］．体育科研，2011（4）：5-11．

［16］黎涌明．对体能训练相关问题的重新认识［J］．中国体育教练员，2012（2）：50-51．

［17］张莉清，刘大庆．近5年我国运动训练学若干热点问题的研究［J］．体育科学，2016，36（5）：71-77．

［18］姜宏斌．功能性训练概念辨析与理论架构的研究述评［J］．体育学刊，2015（4）：125-131．

［19］GREGORY G，TRAVIS N. Essentials of Strength Trainingand Conditioning（Fourth Edition）［M］. Champaign-Urbana：Human Kinetics，2014.

［20］JARED W，MOH H. NSCA's Essentials of Personal Training（Second Edition）［M］. Champaign-Urbana：Human Kinetics，2011.

［21］TUDOR O，MILLER. NSCA's Guide to Tests and a Assessments / National Strength and Conditioning Association ［M］. Champaign-Urbana：Human Kinetics，2011.

学员论文

短道速滑专项耐力特征
及训练方法的研究

黑龙江省体育科学研究所　李　欣

摘要： 当前对短道速滑的定义是强调速度耐力的体能类项目，要求运动员有快速起动滑行能力、良好的速度耐力和较强的肌肉力量，对速度及速度耐力的要求相对较高，比赛的突出特征是高速度持续滑行的专项速度耐力。分析短道速滑运动员专项耐力特征，针对技术结构及能量供应方式，提出短道速滑项目的专项耐力训练应遵循专项性、周期性和系统性等训练原则，以及短道速滑运动员陆地和冰上耐力训练的方法与手段。

关键词： 短道速滑；专项耐力；训练方法

短道速滑是典型的速度、速度耐力、速度力量与技战术相结合的周期性体能项目。短道速滑的训练理念、方法和手段始终处于不断创新发展和完善之中。从早期强调技术占80%，体能占20%，认为弯道技术的关键是保持速度，到重视体能，认为运动员需要具备相当高的智能、技能、体能和战术能力，以及弯道加速与超越的技战术能力。对项目规律的认识经历了由重技术轻体能，到技术、体能并重，再到体能因素更为重要的过程，体能训练的科学化水平越来越高。当前的重大比赛中单纯依靠技战术优势赢得比赛的现象已很难看到，当竞争双方水平极其接近时，体能往往成为比赛胜负的决定性因素。韩国运动员在短道速滑比赛中凭借良好的体能及后程冲刺和弯道超越技术，可以在瞬间以别人滑不出来的步伐和线路，在别人只能相对减速、控制平衡的弯道区域加速度进行超越就是最好的例证。

一、短道速滑运动员专项耐力特征

（一）能量代谢特征

短道速滑项目能量代谢特点是有氧代谢、糖酵解和磷酸原三种供能系统兼有的混合代谢，代谢类型随比赛项目距离的增加，逐渐从无氧代谢向混合代谢过程过渡。短道速滑项目的专项耐力是以糖酵解即通常所讲的速度耐力为主要特征。专项的距离越短，无氧代谢及混合代谢训练的比重就越大，对运动员耐乳酸能力的要求就越高。比赛中运动员血液中血乳酸值会大幅提升，运动后过量氧耗、最大吸氧量及肺活量等生理学指标都表现出较高的水平，从而要求运动员必须具备很高的耐乳酸能力。发展无氧代谢和混合代谢能力，提高机体制造乳酸、耐受乳酸的能力就成了短道速滑专项耐力训练的核心。随着对短道速滑项目特征认识的进一步加深和比赛成绩的不断提高，当今的训练理念和方法已有了很大的改变，主要表现为无氧代谢和混合代谢的训练比重逐步增加，并有继续加大的趋势。

（二）运动与训练特征

当前对短道速滑的定义是强调速度耐力的体能类项目，要求运动员有快速起动滑行的能力、良好的速度耐力和较强的肌肉力量，对速度及速度耐力的要求相对较高。短道速滑运动员应具备较高的速度耐力水平及高速度滑行能力。短道速滑比赛轮次多、时间长，需要长时间进行大强度肌肉活动，比赛的突出特征是高速度持续滑行的专项速度耐力。短道速滑项目要求运动员既要有保持速度的能力，又要有较好的途中起动超越及冲刺能力。在一场激烈的短道速滑比赛中，运动员在场上要快速地完成起动、占位、超越、冲刺等一系列的技战术动作，这需要运动员的神经系统、循环系统、呼吸系统和肌肉系统能在各种复杂的高强度、高频率刺激中具有良好的耐酸能力和抗疲劳能力。短道速滑项目包括500米、1000米、1500米和女子3000米接力、男子5000米接力，要经过预赛、复赛、半决赛、决赛等多轮次比赛。比赛过程中运动员不仅体力消耗大，精力消耗更大，而且需要运动员具有很好的有氧耐力与无氧耐力。只有具备较快的速度能力和良好的速度耐力及速度力量的运动员才可能在比赛中战胜对手，取得好成绩。在短道速滑的每轮比赛之间有一个短暂的间歇休息，迅速恢复能量是肌肉在长时间运动中保持高水平的关键。所以，对于短道速滑项目来说，在比赛中恢复体能也非常重要。

二、短道速滑运动员专项耐力训练特点

（一）专项性

短道速滑专项耐力训练是指运动员为取得专项成绩而最大限度地动员机体的能力，克服因专门负荷产生疲劳的能力。霍曼等人认为，耐力还是运动技战术长时间保持稳定发挥的能力、机体负荷后快速恢复的能力。专项耐力又分为力量耐力、速度耐力、竞赛耐力。随着训练方法手段的不断发展，我们认识到速度耐力是影响短道速滑成绩的重要因素，如果运动员速度耐力差，缺乏途中起动超越能力及最后冲刺能力，很难在重大比赛中取得较好成绩。有教练员认为，我国短道速滑运动员体能上的差距主要表现在速度耐力方面，运动员速度耐力水平低是影响技战术发挥及运动成绩的主要原因。因此，对短道速滑运动员训练的目的就是改善和提高绝对速度和速度耐力之间不同水平协调配置，促进速度耐力水平的不断提高。绝对速度是速度耐力的基础和保证，优秀的短道速滑运动员必须具备较高的绝对速度，而绝对速度的提高是提高速度耐力水平的基础。

（二）注重无氧耐力

速度耐力也称"无氧耐力"，是指机体以无氧代谢为主要供能形式，坚持较长时间工作的能力。速度耐力又分为磷酸原供能无氧耐力和糖酵解供能无氧耐力。其中，糖酵解供能无氧耐力指在无氧代谢的肌肉活动中，糖酵解供能生成乳酸，机体在这种状态下，坚持长时间工作的能力。本文所说的"速度耐力"主要是指"糖酵解供能无氧耐力"。影响短道速滑成

绩的主要因素是速度和速度耐力水平，速度耐力是基础。当前短道速滑训练的特点是逐步提高训练强度和训练负荷，把速度训练和专项训练融为一体，更加注重恢复训练。在每个训练年度中，以一次大赛为一个训练周期，逐步提高训练负荷和强度。训练实践证明，单一追求最大速度的速度训练即使获得了最大速度的提高，其速度转化为速度耐力的比率也是很小的。短道速滑运动员既需要磷酸能速度（CP），又需要乳酸能速度（糖酵解）。两种速度同时改善才能促进运动员速度耐力水平的提高。发展磷酸能速度，增加弯道蹬冰频率的速度力量练习，逐步增加肌肉快速收缩转换和神经系统快速冲动交替等练习。在发展耐力素质的同时要求保证技术动作的稳定不变形。

（三）控制训练负荷

短道速滑速度耐力训练属于专项耐力训练，在训练中一定要控制好训练负荷强度。现代训练后恢复措施的不断完善，使训练负荷进一步增大，突出专项强度。影响训练效果的主要因素是训练手段和训练负荷。其中，训练手段的选择确定了机体接受刺激的部位，而负荷的大小则决定了对某一部位刺激的程度，从内外两个方面确保了机体能力沿着预定的训练方向发展。训练负荷的增大不但表现在数量上，更主要是在训练强度方面。大强度训练已成为当代高水平短道速滑运动员的重要体能训练特点。在现代运动训练中，训练负荷的安排以强度作为训练负荷的灵魂，无论是在竞赛期还是在准备期，都非常重视训练强度这个因素。在准备期，安排有一定比例的较大强度的专项速度与爆发力训练，相比之下，竞赛期中强度的要求更突出和集中一些。

通过短道速滑比赛后血乳酸值情况（表1），可以确定短道速滑速度耐力训练内容的负荷性质，短道速滑赛后血乳酸值，是把握短道速滑速度耐力训练负荷专项化的重要依据。

表1　　短道速滑赛后血乳酸值　　　　（单位：毫摩/升）

	500米		1000米		1500米	
	男	女	男	女	男	女
预赛	8.26 ± 1.72	6.50 ± 1.31	8.15 ± 1.08	7.03 ± 1.25	8.24 ± 1.37	9.52 ± 1.25
复赛	9.02 ± 1.15	7.34 ± 1.88	10.23 ± 1.17	8.48 ± 2.16	10.44 ± 1.17	10.51 ± 0.98
半决赛	11.23 ± 1.69	9.76 ± 1.63	11.11 ± 1.62	10.04 ± 2.18	12.87 ± 2.65	11.90 ± 2.57
决赛	12.31 ± 1.04	10.2 ± 2.01	12.34 ± 2.75	11.38 ± 2.31		

三、专项耐力的训练方法

短道速滑运动员进行速滑耐力训练所采用的方法主要有间歇训练法、重复训练法、高原训练法、法特莱克训练法等。这些方法在训练中被广泛使用，且取得了一定的成绩。

（一）间歇训练法

20世纪50年代，德国心脏学家赖因德尔和教员倍施勒提出间歇训练理论。间歇训练法是指对动作结构、负荷强度、间歇时间提出严格的要求，使机体处于不完全恢复状态下，反复进行练习的训练方法，其由运动的距离、速度、次数、间歇时间和间歇方式五个因素组成。通过不同类型的间歇训练，乳酸能系统的供能能力、磷酸盐与乳酸能混合代谢系统的功能能力、乳酸能系统与有氧代谢系统的混合供能能力、有氧代谢供能能力等得到有效的发展和提高。采用间歇训练法进行速度耐力训练，能改善碱储备，增强碳酸酐酶的活性，提高对酸性产物的缓冲能力，提高抗乳酸能力。短道速滑运动员采用的间歇训练法主要有三种形式：强化性间歇训练、高强度间歇训练及变换距离（变速）间歇训练。为提高运动员的绝对速度，采用间歇训练法对短道速滑运动员进行专项力量训练，通过专项力量训练，提高运动员的爆发力和绝对速度，促进运动员速度耐力的提高。

1. 强化性间歇训练

强化性间歇训练是发展糖酵解供能代谢系统与有氧代谢系统混合供能能力以及心脏功能的一种重要训练方法，适用于要求有混合系统供能能力和良好心脏功能的竞技运动项目的技战术及素质的训练。该方法的练习动作或是单一结构的动作练习，或是各种不同负荷强度的技术动作的组合练习，或是某种战术形式的组合练习，或是多种战术混合运用的配合练习。强化性间歇训练用低于比赛速度的速度和不使其完全恢复的短暂休息间歇，重复训练一定距离。这种形式的间歇训练，主要是执行一种训练任务，对达到某种训练目的有强化作用。运用该方法训练时，在一次练习之后，按照严格规定的间歇时间和积极性休息的方式进行休息，在运动员机体未完全恢复的情况下就进行下一次练习（心率恢复到120～130次/分）。由于在间歇训练的间歇期摄氧量、每搏输出量和心率都高于滑行期，间歇期、滑行期呼吸和循环系统都能承受较大的负荷刺激。通过监测发现，强化性间歇训练强度较大，是典型的以糖酵解代谢类型为主的速度耐力训练。负荷后即刻的心率在170～180次/分、血乳酸值为12.3±1.51毫摩/升，能够达到提高短道速滑运动员速度耐力的目的。

强化性间歇训练方法的应用特点：一次练习的负荷时间略长于主项比赛时间，负荷强度通常略低于主项比赛强度的5%～10%，心率控制在180次/分或170次/分左右即可，间歇时间以心率降至120次/分为开始下一次练习的确定依据。例如：5～7圈滑行，目的是练习1000米耐力；9～13圈滑行，目的是练习1500米耐力；15～20圈滑行，目的是练习3000米耐力……根据运动员的具体情况进行速度要求（表2）。

表2　短道速滑速度耐力（强化性间歇训练）方法与手段

方法与手段		备　注
3圈×(4~6)次	间歇1分	
5圈×5次	间歇3分	
7圈×(4~6)次	间歇4分	心率：170~180次/分
9圈×(4~6)次	间歇5分	血乳酸值：
10圈×6次	间歇5~8分	12.3±1.51毫摩/升
15圈×4次	间歇5~8分	

2. 高强度间歇训练

高强度间歇训练方法是发展糖酵解供能系统的供能能力、磷酸盐与糖酵解供能混合代谢系统的供能能力的一种重要训练方法，适用于速度耐力训练。高强度间歇训练方法的特点是：一次练习的负荷时间较短（40秒之内）；负荷强度大，心率多在190次/分左右；间歇时间极不充分，以心率降至140次/分为开始下一次练习的确定依据。高强度间歇训练，组间歇时间短，恢复极不充分，段落速度较快。用40~90秒的训练距离进行超极量强度训练5次，次间歇为4分，练后的血乳酸值可达16.8毫摩/升，是提高最大乳酸能力的训练方法。此种训练方法对运动员线粒体损伤较大，不宜安排太多。

表3　短道速滑速度耐力训练（高强度间歇训练）方法与手段

方法与手段		备　注
2人接力×7次×2组	间歇10分	
5圈×6次×2组	次间歇3分，组间歇20分	心率：180~200次/分
7圈×5次×2组	次间歇5分，组间歇20分	血乳酸值：
9圈×4次×2组	次间歇7分，组间歇20分	14.5±1.54毫摩/升

在高强度间歇训练中，每组训练的距离和次数根据本次训练的总距离决定（表3）。每一组内的间歇时间，运动员可以采用放松跑的形式进行积极性休息，当运动员心率降至120次/分左右再进行下一组训练。采用高强度间歇训练法进行速度耐力训练时，负荷强度大，运动员血乳酸浓度高，运动员

在一定的时间内以较快的速度加快肌肉对专项运动的适应，提高无氧糖酵解供能能力，并进一步提高呼吸、循环系统的机能。在运动时，机体动用的物质和能量代谢体系以无氧代谢中的糖酵解代谢为主，因此血乳酸浓度偏高。在训练中应根据短道速滑不同项目来确定训练的距离和次数，以达到提高该项目运动员速度耐力的目的。

3. 变换距离间歇训练

这种训练方法主要发展运动员快速消除乳酸的能力和发展运动员的专项耐力及冲刺能力。此训练手段可变因素多、适用面广、比较灵活，采用的强度和间歇时间等因素根据具体训练任务、运动员竞技水平来确定（表4）。通过滑行距离的变化改变滑行速度，达到变速训练的生理效果，首先是增加心脏容量，改善训练过程中心脏对循环系统的泵血能力，从而更好地向工作中的肌肉提供血液，提高有氧代谢能力，即提高耐久能力。如为了发展运动员快速消除乳酸的能力时可采用"（7圈+7圈+9圈+9圈+5圈）×2组"的训练手段，前两个7圈使体内的乳酸有大量堆积，后面的中等强度的9圈主要是快速消除体内堆积的乳酸。变换距离训练法的特点是内容丰富、实用性强，能有效提高短道速滑运动员的多项专项竞技能力。不同滑行速度、滑行距离的组合训练：15圈至50圈重复、间歇、变速训练；5圈—7圈—9圈—11圈—13圈组合、长间歇、变换距离的项目训练；3圈—5圈—7圈—9圈—11圈—13圈组合、短间歇、变换距离的项目训练；2圈—3圈—4圈—5圈—7圈组合、变换距离的速度训练；2圈—3圈—5圈起跑、加速、冲刺等短距离速度训练。

表4　短道速滑速度耐力训练（变换距离间歇训练）方法与手段

方法与手段		备　注
2人接力（2圈×5次/人）+4人接力（1.5圈×5次/人）	间歇8分	心率：170～180次/分 乳酸值：11.2±1.13毫摩/升
5圈×2次+7圈×2次+9圈×2次+11圈×2次	间歇5～8分	
（5圈+4圈+3圈+1圈）×2次	次间歇3分，组间歇20分	
15圈+13圈+11圈+9圈7圈+5圈+3圈	次间歇5分，组间歇20分	

（二）重复训练法

当代短道速滑训练已由过去突出训练量转向突出训练强度，训练中对负荷强度的要求越来越重要。重复训练法采用多次重复跑跑完规定的距离，距离可短于、等于或稍长于比赛距离。训练的速度随着次数的增加而逐渐提高，以大强度的训练来发展速度耐力。这种训练法可提高人体对大量乳酸堆积的耐受能力和速度耐力能力。

重复训练法是指多次重复同一练习，两次（组）练习之间安排相对充分休息的练习方法。根据单次练习时间的长短，可将重复训练法分为短时间重复训练方法、中时间重复训练方法和长时间重复训练方法三种类型。短道速滑训练是以相对固定的速度按规定的距离做重复跑、重复滑的练习，以固定的重量用同一种姿势动作做负重力量训练。重复训练法用于身体耐力训练，强度基本稳定，使得运动员大脑皮层和肌肉有节奏地工作和休息，形成有效的神经—肌肉传导反射，可保持长时间的训练能力，身体机能水平得到提高。训练要求：每次重复练习的技术动作和负荷量不变；每次重复练习的负荷强度较大（通常接近或达到比赛强度），负荷量较小；无严格的间歇时间，休息时间较长，在机体基本恢复后进行下一次练习。重复次数的确定，以运动员不能按预定的强度进行练习或技术出现许多错误时为准。

（三）高原训练法

高原训练是指在适宜的高原地区或人工模拟高原条件下进行有针对性的低氧训练，从而提高专项运动能力的一种训练方法。我国短道速滑从2007年开始在云南进行高原训练，持续时间为4周，主要训练目的是初训期体能的储备，取得了良好的训练效果。采用高原训练法训练运动员速度耐力时，训练距离不宜过长，但训练强度一定要达到训练规定的要求。

（四）法特莱克训练法

法特莱克训练法是指根据不同地形，以适应地形的速度，选择距离和负荷强度，发展有氧和无氧耐力及专门性耐力的方法。把快慢间歇跑、重复跑、加速跑等不规则的训练手段应用到训练中，有效发展运动员的心血管和呼吸系统，提高耐力素质。

四、小结

短道速滑运动员的专项耐力训练应根据短道速滑运动的特点，应用间歇训练进行专项速度耐力的练习，以有氧和无氧耐力训练相结合，用间歇短、密度大、高速度、高强度的练习手段和结合技战术动作进行反复训练，提高运动员绝对速度及速度耐力，提高神经系统的灵活性与稳定性，促进心肺功能和肌肉的代谢水平及在疲劳状态下运用技战术的能力。

参考文献

［1］柴萍，刘珊，宋来．短道速滑项目技战术训练研究的现状与趋势［J］．冰雪运动，2010，32（3）：15-17，63.

［2］韩毅．我国短道速滑发展现状及对策——第11届全国冬运会短道比赛调研报告［J］．冰雪运动，2008，30（3）：19-22.

［3］盛越名，孙海平．对跨栏专项力量训练方法与手段的探讨［J］．体育科研，2010，31（1）：55-56.

［4］李欣，邵中平，宋来．世界短道速滑项目专项训练方法与手段的发展趋势［J］．冰雪运动，2012（5）：15-18.

［5］马国东，洪伟．我国优秀短道速滑运动员比赛体能特征的研究［J］．吉林体育学院学报，2010（2）：80-81.

［6］列·巴·马特维耶夫．竞技运动理论［M］．姚颂平，译．哈尔滨：黑龙江科学技术出版社，2005.

［7］陈月亮．现代训练发展趋势及体能训练方法手段概述［J］．黄石理工学院学报（人文社会科学版），2009，26（4）：81-83.

［8］王福建，阮利民．中、韩短道速滑有氧耐力训练方法的比较与分析［J］．冰雪运动，2007，29（6）：7-9.

［9］陈小平．当代运动训练热点问题研究：理论与实践亟待解决的问题［M］．北京：北京体育大学出版社，2005.

［10］李少丹．对专项训练方法的哲学思考［J］．北京体育大学学报，2007（6）：834-836.

［11］宋来．优秀男子短道速滑运动员夏训时期的运动负荷与生化指标监控［J］．冰雪运动，2013（1）：9-16.

［12］王瑞元．运动生理学［M］．北京：人民体育出版社，2012.

奥运改革的启示与思考

——基于《奥林匹克2020议程》

郑州大学体育学院　　刘　晖

摘要： 前奥运冠军、德国人托马斯·巴赫接任国际奥委会主席后便开始进行一系列新的奥运改革筹备工作。2014年12月8日，《奥林匹克2020议程》全票通过，新一轮的奥运改革呼之欲出。本文以该议程为研究视角，采用文献资料法等分析2008年奥运会对我国体育改革的影响，探讨此次奥运改革的必要性和新变化，以及我国申办2022年冬奥会与此次奥运改革的关系。

关键词： 奥林匹克；改革；奥运会

在一百多年的现代奥林匹克历史中，有发展也有危机，有停滞也有变革：1980年删除仅限业余运动员参赛的规定，使得职业选手踏入了奥林匹克的神圣殿堂；1986年做出夏奥会与冬奥会不在同一个奥运年举办的决定，为奥委会筹办工作提供了充足时间；1999年通过了50项改革措施，奥运史上最大规模的变革将奥林匹克运动挽救于水火之中；罗格接替萨马兰奇后的一系列奥运改革稳步推进，使奥林匹克运动得以良性运行。2014年12月8日，由新任主席巴赫倡导的《奥林匹克2020议程》在国际奥委会第127次全会上得到全票支持，顺利通过。这是巴赫接任国际奥委会主席后对奥运改革的全面筹划，也是未来奥林匹克运动发展的蓝图。

一、简析2008年北京奥运会成功举办对中国体育改革的影响

（一）为中国高校体育教学带来了新思路

人文奥运是北京奥运会的核心理念，是中国传统文化与奥运精神的契合，也是人文时代到来的标志。以人为本是人文的体现，也是体育教学必须遵循的基本原则和客观规律。高校体育教学必须坚持以学生为中心，树立学生的主体地位，尊重学生的身体发展规律，以促进学生身心健康成长为宗旨，以培养个性全面和谐发展为责任，除此之外，也要担负起传承体育文化的使命，通过实际教学使学生了解和感受体育对生命关怀的人文价值。

2008年奥运会的成功举办使我国的竞技体育达到了高潮，随之而来是我国体育事业的另一个高潮，即大众体育的"井喷式"发展。大众体育的蓬勃发展使得现今社会对全民健身的组织者、管理者、领导者的需求量大大提升。培养一批业务能力强、技术水平高的社会体育指导员是我国院校体育教学工作的当务之急。高校拥有体育教学方面的资源优势，需要承担起该重要使命，利用教师的专业知识，提高学生的实践能力，解决和改善我国社会体育指导员不足的现状，提高社会体育指导员队伍的素质，科学指导大众健身。

（二）为中国体育产业发展开拓了新渠道

20世纪80年代以来，在国际奥委会前主席萨马兰奇的支持下，奥运会的市场化运作为全球体育产业的发展开拓了新的空间。北京奥运会的成功举办使我国经济与国际进一步接轨，企业走向世界，为拓展国际市场创造了更加有利的条件。

北京奥运会让世界认识了中国，同时，也使中国的体育产业走向世界，被世界所了解。然而，目前我国相当一部分体育赛事资源仍握于体育部门手中，竞赛表演市场开放程度低，体育产业资源市场化程度弱，无法与国际体

育市场相比，使得作为体育产业基础的竞赛表演业"无利可图"。纵观全球体育产业的发展，体育资源必须以市场为导向，通过市场的包装和运作，这些资源的价值才能得以提升，为世界人民所欣赏。我国国际地位和竞技体育实力使我国的体育品牌逐渐获得世人认可，但要真正融入世界体育产业的竞争大潮中，仍需要学习和借鉴先进的管理经验和运作模式。

（三）为中国体育体制创新提供了新契机

2008年奥运会之后，我国体育事业的发展规模不断扩大，人们对体育的认识逐渐提高，对体育的需求不断增加，中国正由"体育大国"迈向"体育强国"。实现"体育强国"的重点在于改革，而改革的关键在于我国体育体制的变革与创新。

我国的体育管理体制具体表现为竞技体育领域的"举国体制"，在该体制的指导下，我国实现了奥运会金牌"零"的突破；成功申办、举办了奥运会，并以51枚金牌笑傲奥运金牌榜；学校体育和群众体育也稳步发展。

北京奥运会的成功举办为我国体育体制改革提供了契机，指明了方向——实行管办分离；以市场为导向进行资源配置；利用社会、民间力量办体育；强化体育公共服务等。

二、奥运改革的必然性和必要性

（一）百年奥运回归现实的必然趋势

由于经济危机，1984年的奥运会只有洛杉矶一个城市愿意承办，而且政府不提供补贴。最终，在商人尤伯罗斯的带领下，一整套成功的商业计划使第23届奥运会成为历史上第一届盈利的奥运会，这是奥林匹克史上划时代的标志性事件。从此，国际奥委会一改对商业化的否定态度，奥运会也迎来了新纪元。

正所谓"成也商业，败也商业"，巨额的申办费用、高额的办赛成本及投资收益率的不确定性使得奥运盛会成为大国的"专属"。正因为如此，许多希望申办2022年冬奥会的国家迫不得已中途放弃。

面对奥运会将来有可能会由于过度商业化再次导致无人问津的情况，《奥林匹克2020议程》要求在保持奥运会独特性这一理念下降低申办成本，采用邀请的方式改变原有申办程序；降低奥运会运营成本，增强运营的灵活性。使奥运会更加"平民化"，成为大部分国家愿意申办、有能力承办，且对举办国、举办地传承奥林匹克思想有深远意义的盛会，而且满足不同国家和地区对体育、社会、文化、经济乃至环境等长远发展规划的实际需要。

（二）广大体育爱好者内心诉求的必然选择

经过一百多年的发展与演进，现代奥林匹克运动已然成为世界范围内知名度最高、影响力最广的国际顶尖综合性体育赛事，奥运五环也是世界公认的辨识度最高的标志。然而，作为大众体育的榜样、最具活力的人类文化活动——精英（竞技）体育、职业体育，在金钱与权力的诱惑下，出现了许多危害体育本质的事件。奥林匹克运动在人们眼中成为"引发腐败、干预和冲突的垄断经营模式"，再加上兴奋剂、非法体育赌博和不公平竞争等问题不断进入人们的视野，奥运会作为世界上独一无二的体育综合性赛事，被冠以民族主义、地缘政治、外交手段等标签，陷入无休止的争论之中。

从奥运会贿选事件、兴奋剂事件中，世界体育迷发现体育正在偏离它的轨道，一些运动员不再凭借真本事获得胜利。国际奥委会作为世界体育系统的"领头羊"，必须面对这些问题。保护"干净"的运动员是《奥林匹克2020议程》中史无前例的一条改革意见，现任国际奥委会主席巴赫也旗帜鲜明地表达了国际奥委会对待运动员的态度：他们是最好的大使，是我们的榜样和财富，我们的第一要务是保护"干净"的运动员。

运动员是奥林匹克运动会竞技运动的直接参与者，运动员是世界体育的主体，奥运会应该以运动员为本。面对纷繁复杂、充满诱惑的大千世界，运动员面临各种挑战，能否固守自己所信仰的奥林匹克思想，直接决定着未来奥运会的命运。《奥林匹克2020议程》提出的保护"干净"运动员的理念是迫在眉睫之举，是对未来奥运的重要投资，是对取得优胜的"干净"运动员的嘉奖，是对奥林匹克思想、宗旨、精神的最好诠释，也是广大体育爱好者愿意看到的最纯粹体育的回归。

（三）社会发展进步的必经阶段

奥运会是奥林匹克运动的核心，然而贿选现象屡禁不止，正在一步一步毁掉国际奥委会的名声，过度商业化使奥运会不那么纯净，庞大的举办代价让诸多国家望而却步，兴奋剂问题层出不穷，国际奥委会对奥运会的管理和控制也愈发困难，实现奥林匹克运动的可持续发展已经成为国际奥委会刻不容缓的改革任务，当下也是奥林匹克运动面对社会发展进步必须挺过的艰难阶段。

《奥林匹克2020议程》希望用"可持续性"思想引导奥林匹克运动的日常活动。具体而言，就是要通过一系列改革手段使奥林匹克运动获得可持续发展的能力和机制。未来的奥运会申办将变被动为主动，国际奥委会向有潜力的城市发出邀请，并在决定主办归属前进行全方位评估；对奥运会从筹备到举办等各方面提出可持续发展战略，国际奥委会从中起到领导和主导地位，提供指导性意见，并承担一定的申办费用。针对国际奥委会委员的资格也进行了变革：适当放宽年龄，实施委员增补计划等。

教育是奥林匹克主义的核心内容。顾拜旦先生当初复兴奥运会的初衷就是希望通过教育将奥林匹克精神传承下去，所以奥林匹克运动能否得到真正的可持续发展，取决于年轻一代对奥运的认知和参与。因此，《奥林匹克2020议程》第19条明确表示开通奥林匹克频道，在科技发达的信息媒体时代，通过互联网对奥林匹克主义进行宣传，将体育与文化、教育相结合，吸引年轻人，从而加强奥林匹克运动在青少年人群中的影响力，使奥运会获得可持续发展的新鲜血液和动力。

三、奥运会改革后的新启示

（一）奥运会赛会模式将出现新变革

如今的奥运会已成为全球范围内规模最大、影响最广的以竞技体育为主题的体育文化盛典，从1896年举办至今的一百多年来，每届奥运会都在发生变化：从首届只有几百名运动员参赛到现在上万名运动员参赛；从只有男性运动员参赛到男女运动员参赛比例趋于均衡；比赛项目从第一届只有九个到现在的三百多个小项；从只有夏季奥运会到冬奥会和夏奥会在同年举办，后实行冬奥会和夏奥会间隔两年举办。每一次奥运会模式的变革都是随时代进步做出的转变。

现今的奥运会规模越办越大、项目越来越多、资金投入越来越大，这种趋势不仅反映了世界政治、经济、科技、文化等因素对奥林匹克运动的深刻影响，也反映了现代奥运会本身巨大的成功和国际影响力，但规模过大致使许多国家对承办奥运会有心无力。

为实现更多国家主办奥运会的愿望，在《奥林匹克2020议程》中打破"一国主办一届奥运会"的传统，允许跨国联办，以降低办赛门槛。多国联办的模式在世界杯、欧洲杯等足球大赛中已被率先使用并获得成功，未来的奥运会也将出现联办的可能，这样更加符合奥林匹克促进人类精神发展、维护国际友谊与和平，在全世界推广奥林匹克运动的原则。

另外，此前奥运会比赛大项的确定和准入规则使一些举办国的积极性和灵活性受到影响，因此本次改革也作出"大项封顶管理向小项封顶管理转化"的变革，即只限定小项为310项，在该届奥运会大项确定（由国际奥委会在主办城市选举前确定）的前提下，奥运组委会有权建议增加一个或多个小项。这项变化将改变奥运项目格局，使更多达到国际奥委会筛选标准的项目"站"上奥运舞台，体现了奥林匹克运动的灵活多样性。

（二）国际奥委会内部组织机构职能呈现新转变

国际奥委会作为国际体育管理组织的领军者，一百多年来专注于在全世界推广和传播奥林匹克文化，内部组织机构的适时变革是它成功的秘诀之一。盐湖城申奥贿选的丑闻使国际奥委会站到了悬崖边，为了平复这次危机，国际奥委会清理了门户，在第108次非常全会上，国际奥委会委员中4人辞职、6人被开除、9人受到警告处分，随后成立道德委员会制定行为准则，加强对奥林匹克大家庭成员的约束。罗格上任之后继续对国际奥委会进行渐进式改革，对腐败采取"零容忍"的态度。

国际奥委会改革的成功与否决定着未来奥运的方向……奥林匹克改革的首要目的就是使奥运的核心组织更加公开、透明和有效率。国际奥委会组织自治与善治也是《奥林匹克2020议程》中重点考虑的议题。其中，保证国际奥委会组织独立性、治理体育事务自主性是自治，而善治则是国际奥委会实现组织目标、传播奥林匹克思想的伦理向度。另外，为了确保国际奥委会道德委员会的独立性，使工作更加规范、有效，首次在组织内部设置干事职位，这也是国际奥委会本次改革的一个亮点。一系列的改革行为都是在加强国际奥委会信息公开与舆论监督的力度，避免再次出现"几乎毁掉国际奥委会的一次危机"。

（三）奥林匹克文化将体现出多样化融合趋势

奥林匹克文化是在古希腊宗教体育的基础框架上，从古希腊哲学和人文主义哲学的理论精华中发展完善起来的。奥林匹克文化的内涵丰富，囊括了奥林匹克主义、奥林匹克理想、奥林匹克精神及所有的奥林匹克活动。奥林匹克文化所提倡的和平友谊、公平竞争、奋力拼搏都是人们追求的价值理念。

现代奥林匹克文化的生命力是强大的，全人类的生活方式将在未来长时间内受到影响。但奥林匹克文化始终带有浓重的西方色彩，单纯的西化、欧化，极大地阻碍了奥林匹克运动的发展，不利于奥林匹克运动的全球推广，同时也是背离奥林匹克运动宗旨的。在《奥林匹克2020议程》中也有许多关于增进奥林匹克文化多样性的建议，例如，加强与其他运动会运营组织的合作、与职业联赛建立关系、强化社团活动、进一步加强体育与文化的融合等。奥林匹克运动的价值是多元的，奥林匹克文化是多样的，只有加强东西方文化的交流与融合，兼容并包，奥林匹克运动的精神才会一代接着一代地传承下去。

四、奥运改革对我国体育发展的影响

（一）抛弃"金牌至上"的观念

"重要的是参与，而不是取胜。"这句话虽不是奥林匹克格言，却出现在许多届奥运会的赛场上，为人们所熟知。顾拜旦先生曾对这句话作出这样的解释："正如在生活中最重要的事情不是胜利，而是斗争；不是征服，而是奋力拼搏。"

奥运会是竞技的赛场，争金夺银自然为世人所关注，金牌在传递正能量的同时，也带给人们一些灰色的记忆——为了金牌道德败坏。获得金牌意味着名利双收，功成名就，"金牌至上"的观念使一部分人对体育竞技的价值观严重扭曲，"以金牌论英雄"的狭隘思想玷污了奥林匹克运动，违背了奥林匹克精神。

《奥林匹克2020议程》强调保护"干净"的运动员，嘉奖公平竞赛的运动员，正是对"重在参与、公平竞争"的奥林匹克精神的完美诠释。在全国第十三届冬运会上，杜绝"金牌至上"的观念深入人心，运动员们展现了杰出的体育精神，营造了一届纯洁干净的运动会，这正是我国对"唯金牌论"最有力的还击。从体育大国迈向体育强国是一个漫长而艰辛的过程，国家的体育综合实力仅从几枚奥运金牌中是难以体现的，正确理解奥林匹克运动，传播奥林匹克精神，让参与体育运动深入人心，这才是正确的体育观。

（二）遵循奥运改革理念办冬奥会

2008年北京奥运会的盛大景象还记忆犹新，2022年冬奥会的主办权再次花落北京。回顾申办过程，京张冬奥会申办的三大理念——"以运动员为中心、可持续发展、节俭办赛"，不仅体现了中华民族文化内涵的博大精深，而且十分符合国际奥委会的改革理念，因此得到国际奥委会有关专家的高度认可，成为申冬奥成功的关键所在。

"以运动员为中心"排在申办2022年冬奥会的三大理念之首，是2008年奥运会"人文奥运"理念的延续，体现了中华传统思想中的"以人为本"。运动员是奥林匹克运动的主体，正是他们奋力拼搏、追求卓越的进取精神将奥林匹克格言"更快、更高、更强，更团结"发挥到极致。同时，他们也是世界各国的文化交流使者，国家的象征。《奥林匹克2020议程》希望通过国际奥委会基金来嘉奖公平竞赛的"干净"运动员，以此加强对他们的支持和肯定，终极目标是期盼运动员干干净净参加最纯粹的体育竞技盛会。

体育与生态环境问题是《奥林匹克2020议程》中重点强调实行奥运可持续发展的根本原因。将"可持续性"发展理念引入奥林匹克运动日常活动将是奥林匹克运动未来良性运行、和谐发展的必然之举。"可持续发展"不仅是北京冬奥会的三大理念之一，还是我国坚定不移走可持续发展道路在理念和实践上的一次升华，是我国"天人合一"伟大智慧的具体体现。北京举办冬奥会将带动中国3亿人参与冰雪运动，这将有利于推动我国冬季体育运动的开展，改善国民体质，促进人的可持续发展。

勤俭节约是我国自古已有的传统美德，"节俭办赛"是我国现阶段一切从简的最好体现。第十二届全运会、南京青奥会以及第一次走出东北在新疆举行的第十三届全国冬运会都坚持"节俭办赛"的原则，这与《奥林匹克2020议程》中降低申办费用，减少奥运会举办成本，增强运营灵活性、可操作性等改革意见不谋而合。2022年京张冬奥会将"节俭办赛"作为理念之一，坚持科学、严谨、务实、节俭四大原则，充分利用2008年奥运会比赛场馆，借鉴2008年奥运会经验，降低预算，减少投入，使2008年奥运遗产利用率实现最大化。

五、结语

正如国际奥委会主席巴赫的一贯论点：成功就是变革的最好理由。巴赫主动改革，因为他早已认识到今后被动的改革将给奥林匹克运动带来不可逆的灾难。历届国际奥委会主席在任期间都遇到过危机，巴赫在危机来临之前主动出击，先发制人，力推《奥林匹克2020议程》的创举及他做出的努力令世人钦佩。中国乘奥运改革之风成功申办冬奥会，得益于《奥林匹克2020议程》，相信它会将冬奥会带入一个全新的时代。

参考文献

［1］邱雪．国际奥委会改革动向及其对中国体育改革的影响［J］．体育文化导刊，2015（8）：20-25．

［2］周登嵩，李林．2008年北京奥运会与中国学校体育发展［J］．北京体育大学学报，2007（12）：100-104．

［3］任慧涛．善治：奥林匹克运动及全球体育秩序新起点？——从任海教授《国际奥委会演进的历史逻辑》谈起［J］．天津体育学院学报，2014（6）：506-511．

［4］BOND P．South Africa's Bubble Meets Boiling Urban Social Protest［J］．Monthly Review，2010（2）：17-28．

［5］孔繁敏．奥林匹克文化研究：奥林匹克教育读本［M］．北京：人民体育出版社，2005．

［6］王润斌，肖丽斌．国际奥委会改革的新动向与中国使命［J］．成都体育学院学报，2015（5）：1-6．

［7］任海．论国际奥委会的改革［J］．体育科学，2008（7）：3-25．

［8］刘霞．论奥运文化与奥林匹克文化的差异［J］．体育科技，2011，32（1）：9-11．

［9］易建取，丁辉．论文化多样性视角下现代奥林匹克文化［J］．吉林体育学院学报，2007，23（6）：12-13．

篮球球体旋转速度与入篮角度对
投篮命中率的影响

北京体育大学　苗向军

摘要：投篮是重要的篮球技术，是比赛中得分的唯一手段。从球体运行的动力学角度看，入篮角度、旋转速度、出手速度是决定投篮能否成功的重要因素。对上述三个球体运行动力学参数的研究和实践对于篮球运动的发展具有重大的基础性、前导性意义。本研究通过实验测试的方法，对入篮角度、旋转速度、出手速度等因素对投篮命中率的影响进行了测量、分析与讨论。研究指出：投篮时的入篮角度、球体的后旋速度、出手速度与投篮命中率间存在着关联性。实验对象在42°～48°的入篮角度范围内，投篮命中的比例最高；130～150转/分的球体转速，投篮命中的比例最高；在大于等于0.96秒的慢速出手投篮情况下，命中率最高。球体入篮角度与出手速度的最佳线性组合对投篮命中率的预测具有统计学上的显著性意义，但效应量较低。同时，球体旋转速度对投篮命中率的预报也具有统计学上的显著性意义，但也只是一个小的效应量。

关键词：篮球；投篮；命中率

投篮是重要的篮球技术，是比赛中得分的唯一手段。传球、运球、抢篮板球和防守能为高命中率的投篮创造机会，但这些努力必须转化为投篮得分才能达到目的。只有在极少数情况下，拥有超常运动天赋及一定技术特长的运动员，才会在不善于投篮的情况下为球队在某些方面做出特别贡献。因此，篮球运动员必须练就准确、稳定的投篮技术。一名优秀的投手能够迫使防守者对其紧逼防守，从而为进攻拉开距离。在比赛中，影响投篮命中率的因素是多方面的，投篮技术动作、心理素质、节奏、时机、体能等都会对投篮命中率产生影响。从投篮技术动作分析，投篮技术由多个环节组合而成，各环节之间相互促进和制约，形成一个完整的技术动作链。从球体运行的动力学角度看，入篮角度、旋转速度、出手速度是决定投篮能否成功的重要因素。对上述三个球体运行动力学参数的研究和实践对篮球运动的发展具有重大的基础性、前导性意义。

一、研究现状

（一）国外研究现状

有研究和实践认为，篮球投篮最佳入篮角度为45°左右。入篮角度与出手角度直接相关。而出手角度与投篮距离、球出手高度、防守队员位置等有关。有专家通过测量得出，近距离投篮出手角度为48°～55°时命中率较高，远距离投篮出手角度为44°～52°时命中率较高。在当今高水平竞技篮球对抗中，快出手和高命中率对一场比赛的胜利至关重要。投篮的距离和时间都与速度有关，投篮前球的停留时间也会影响投篮的效果。福特拉和弗莱明通过研究得出，世界优秀投手投篮出手时间小于0.65秒。对职业篮球运动员罚球动作模式研究认为，如果运动员改变了其习惯性动作模式，罚球成功率将下降10%。对足球运动员的研究认为，踢球难度越大，注意力准备时间越长。这些例子说明了运动模式之间存在的变异性问题。还有研究认为，动力学参数的优化组合是投篮能否成功的关键。除了动力学参数的理想组合外，入篮角度、出手速度和球的旋转三者的稳定性也非常重要。这种一致性程度也是衡量运动员训练水平高低的标准之一。

（二）国内研究现状

国内对投篮的研究主要集中在对投篮技术动作的生物力学分析及对投篮角度、投篮速度等的理论研究。比如，1991年版的全国体育学院专修通用教材《篮球》对投篮抛物线作了以下分析：投篮时，球出手后在空间飞行过程中受重力影响，投篮抛物线的高低对命中率有重要影响，而抛物线的高低取决于投篮的出手角度和出手力量。此后出版的《篮球教程》基本沿袭了这一表述。赵文昌分析了篮球运动员在投篮时指、掌、腕、臂对球的作用效果，分析了指和腕的作用力对球出手速度的制约作用，计算了不同高度和不同距离投篮的最佳出射角，并分析了后旋球的产生、价值及理论依据。沈洪钧认为，在投篮过程中，随着投篮距离、出手高度、出手速度的改变，选择适当的出手角度是提高命中率的关键所在。陈庆峰运用生物力学原理剖析了单手肩上投篮出手角度的变化规律。李笋南等以分析罚球投中空心篮方式为基本模型，用数学模型分析投篮的出手角度。还有研究认为，出手的高度、角度、速度是影响投篮命中率的主要因素。

（三）研究现状总结

国内外对投篮时球体动力学参数的研究主要集中在数学模型计算和生物力学分析阶段，对于运动员投篮动力学参数对命中率影响的实验与实证性研究为数不多，即实验与实证不足，相关研究主要集中于理论计算阶段。目前，我国对于投篮出手速度、球的转速、入篮角度的实验性研究较少，亟须开展相关研究，以球体动力学参数特征对投篮命中率的影响为视角，深化对投篮这一篮球关键技术的理解和认识。

二、研究对象与研究方法

（一）研究对象

选取北京体育大学校级男子篮球代表队及竞技体育学院大二篮球专选班学生共计19人。所有受试者要确定身体健康并通过问卷筛查排除运动损伤。受试者平均身高为189.21厘米，平均年龄为20.2岁。

（二）研究方法

1. 实验仪器

采用美国智能传感器测试仪。通过安装6个内部传感器采集球体运行动力学特征，运用蓝牙传输技术传输数据。重点采集入篮角度和球体旋转速度。

2. 实验程序

（1）实验前向受试者说明实验目的和方法。

（2）测量每名受试者的身高、体重。

（3）进行15分钟准备活动。其中，7分钟热身活动，3分钟拉伸，5分钟投篮热身。

（4）受试者在习惯地点做原地或跳起投3分球。每名受试者完成2组投篮，每组投10个球，分别采集入篮角度、出手速度和球体旋转速度。测试开始前，每人试投3次。测试开始，由专人传球，要求受试者接球后以本人习惯性速度投篮。

三、研究主要内容

（一）球体入篮角度与投篮命中率的关联性分析

测试结果显示，在42°～48°的入篮角度范围内，投篮命中的比例最高，为全部投篮命中次数的56.8%（图1）。

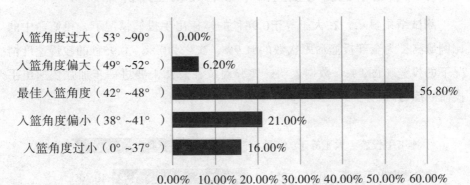

图1　不同入篮角度下投篮命中次数占全部命中次数的百分比

（二）球体旋转速度与投篮命中率的关联性分析

测试结果显示，在130～150转/分最佳球体转速范围内，投篮命中的比例最高，为全部投篮命中次数的31.5%，但后旋偏少和后旋太少情况下命中的比例均为全部命中次数的28.1%（图2）。说明实验对象在总体上要进一步加强球的后旋练习。

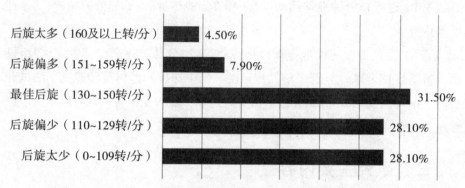

图2　不同球体旋转速度下投篮命中次数占全部命中次数的百分比

（三）出手速度与投篮命中率的关联性分析

测试结果显示，在大于等于0.96秒的慢速出手投篮情况下，投篮命中的比例最高，为全部投篮命中次数的51.9%，次之为0.86～0.95秒的较慢速度情况下的投篮（图3）。数据表明，实验对象在总体上要进一步加强快速出手投篮的练习。

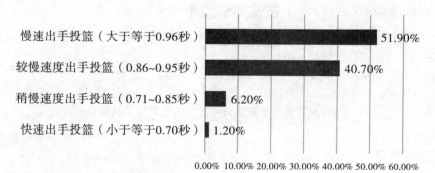

图3　不同出手速度下投篮命中次数占全部命中次数的百分比

（四）入篮角度与出手速度对投篮命中率的影响

为确定球体入篮角度与出手速度的最佳线性组合，笔者进行了多元回归分析，采用两个变量的组合来预测投篮命中率。分析结果：校正R^2=0.04，F（2，187）=4.684，$P<0.05$（表1）。

表1　球体入篮角度与出手速度预测投篮命中率的同时多元回归分析摘要

变　量	回归系数B	回归系数标准误（SEB）	标准回归系数β
出手速度	−0.189	0.085	−0.158*
入篮角度	−0.006	0.003	−0.149*
常量	0.882	0.154	

备注：校正R^2=0.04，F（2，187）=4.684，$P<0.05$；
　　　*$P<0.05$。

（五）球体旋转速度对投篮命中率的影响

速度是否能影响投篮命中率，可通过计算简单的线性回归来确定。计算得出：球体旋转速度（M=126.33，SD=26.23）对投篮命中率的预报具有显著性意义（M=0.46，SD=0.17），F（1，188）=18.841，$P<0.001$，校正R^2=0.086。根据科恩（1988）观点，这是一个小的效应量（表2）。

表2　用球体旋转速度预测投篮命中率的简单回归分析摘要

变　量	回归系数B	回归系数标准误（SEB）	标准回归系数β
球体旋转速度	−0.002	0.000	−0.302***
常量	0.719	0.059	

备注：校正R^2=0.086；F（1，188）=18.841，$P<0.001$；
　　　*** $P<0.001$。

四、研究结论与创新之处

（一）结论

投篮时篮球的入篮角度、球体的后旋速度、出手速度与投篮命中率之间存在着关联性。实验对象在42°～48°的入篮角度范围内，投篮命中的比例最高。130～150转/分的球体转速范围内，投篮命中的比例最高。在大于等于0.96秒的慢速出手投篮情况下，投篮命中的比例最高。球体入篮角度与出手速度的最佳线性组合对投篮命中率的预测具有统计学上的显著性意义，但效应量较低。同时，球体旋转速度对投篮命中率的预报也具有统计学上的显著性意义，但也只是一个小的效应量。

（二）创新

对我国大学生篮球运动员投篮动力学参数对命中率的影响进行实验测试，对入篮角度、球的旋转对投篮命中率的单独作用和共同作用进行分析，提供这些动力学参数对命中率影响的数据支持，从而为从理论和实践两个视角分析影响投篮命中率的因素提供数据的支持和参考。

五、后续需要深入研究的问题

研究提示，球的入篮角度、球体的旋转速度及出手速度在决定投篮命中率的因素中虽发挥着一定程度的影响，但这种影响并没有起到至关重要的作用，可能是某些未测量到的协同效应在发挥着关键性作用。在后续的研究中要进一步加大样本量，同时开发能同时测量球体旋转速度与入篮角度的产品，以便能分析两者的协同效应。

参考文献

［1］全国体育学院教材委员会《篮球》教材编写组．篮球［M］．北京：人民体育出版社，1991．

［2］BRANCAZIO P J. Physics of Basketball［J］. American Journal of Physics，1981，49（4）：356-365.

［3］FONTELLA J J. The Physics of Basketball［M］. Maryland：Johns Hopkins University Press，2006.

［4］JACKSON R. Pre-Performance Routine Consistency： Temporal Analysis Of Goal Kicking In Rugby Union World Cup［J］. Journal of Sports Sciences，2003，21：803-814.

〔5〕LONSDALE C, TAM J. On the Temporal and Behavioral Consistency of Pre-Performance Routines: An Intra-Individual Analysis of Elite Basketball Players' Free Throw Shooting Accuracy〔J〕. Journal of Sports Sciences, 2007, 26: 259-266.

〔6〕MILLER S, BARTLETT R. The Effects of Increased Shooting Distance in the Basetkball Jump Shot〔J〕. Journal of Sports Science, 1993（4）: 285-293.

〔7〕ROBINS M. The Effect of Shooting Distance on Movement Variability in Basketball〔J〕. Journal of Human Movement Studies, 2006, 50: 217-238.

〔8〕ROJAS F M, CEPERO M, ON A, et al. Kinematic adjustments in the basketball jump shot against an opponent〔J〕. Ergonomics, 2000, 43（10）: 1651-1660.

〔9〕DIERKS T A, DAVIS I. Discrete and Continuous Joint Coupling Relationship in Uninjured Recreational Runners〔J〕. Clinical Biomechanics, 2007, 22（5）: 581-591.

〔10〕VICKERS J N. Visual Control When Aiming at a Far Target〔J〕. Exp Psychol Hum Percept Perform, 1996, 22: 342-354.

〔11〕DE OLIVEIRA R F, OUDEJANS R R, BEEK P J. Gaze behavior in basketball shooting: further evidence for online Visual Control〔J〕. Res Q Exerc Sport, 2008, 79（3）: 399-404.

〔12〕DE OLIVEIRA R F, OUDEJANS R R, BEEK P J. Late Information Pick-up is Preferred in Basketball Jump Shooting〔J〕. Sports Sci, 2006, 24（9）: 933-940.

〔13〕ELLIOTT B. A kinematic Comparison of the Male and Female Two-point and Three-point Jump Shots in Basketball〔J〕. Sci Med Sport, 1992, 24: 111-118.

运动应力性骨折细胞机制相关研究进展

西安体育学院　潘玮敏

摘要： 应力性骨折多发于运动人群，其具体发生机制仍不甚清楚，学者们大都从生物力学角度进行探讨。近年来伴随研究的深入，从细胞角度对其机制的探讨成为研究的热点。运动应力性骨折主要是由于反复的冲击或压力使正常骨骼疲劳，造成骨微损伤出现后不能完全修复导致的骨折。骨细胞作为机械应力的初级感应细胞，通过其细胞表面突起将刺激信号传递给其他骨内细胞。骨微损伤的出现，传递某种信号至骨细胞，使其凋亡，从而诱发了破骨细胞的骨吸收作用。与此同时，通过经典信号通路及骨特有的信号通路，促进骨细胞的新陈代谢，促进骨折后的修复。

关键词： 运动；应力性骨折；细胞机制

骨作为重要的承力器官，在正常情况下，为适应生理需要或运动应力改变，骨自身通过破骨性吸收与成骨性修复、改建，使其在某一应力水平保持动态平衡，从而维持正常的结构及功能。然而，在长期运动的情况下，由于不正确的用力方式或大运动量训练积累等因素，致使某种应力长期持续作用于正常骨骼的某一点上，骨自身无法耐受应力积累产生局部骨微损伤及破骨吸收，这种阈下微损伤逐渐积累超过骨自身的修复能力，可发生不完全性甚至完全性骨折，即发生运动训练中常见的运动应力性骨折。目前，国内外学者多从生物力学角度对运动应力性骨折的损伤机制进行探讨，并提出了"过重负重""肌肉疲劳"等理论对其成因进行解释。然而，作为人体的重要器官，骨的基本构成成分——细胞在其生长、修复、改建等过程中有不可替代的作用，因此从细胞对机械应力刺激反应的角度对运动应力性骨折做进一步机制探讨是必要的。本文通过对与运动应力性骨折有关的细胞机制方面的最新研究进行综述，旨在对运动应力性骨折机制做深入了解，以求对其防治研究提供新的思路。

一、机械应力对骨内细胞的作用

骨内的细胞主要包括成骨细胞、破骨细胞、骨细胞。成骨细胞是骨形成细胞，产生有机胶原基质，经矿化后形成编织骨和板层骨，成骨细胞多出现在破骨细胞曾吸收骨质的骨重建部位。而破骨细胞具有骨吸收功能，骨组织代谢时，骨吸收发生在骨形成阶段和成人骨重建阶段，说明破骨细胞在缓慢的骨吸收和骨形成阶段起重要的作用。成骨过程中，成骨细胞一旦被骨基质包围，即为骨细胞，占骨组织功能细胞的95%，主要位于矿化基质中的骨陷窝内，这些陷窝通过骨小管相互连通。骨细胞伸出树状突起，行走于骨小管中，通过突起间的缝隙联合，是骨细胞和骨细胞之间或骨细胞和成骨细胞之间的管状细胞骨架。目前研究认为骨陷窝和骨小管网络是感应和传导机械刺激信号的结构。作为骨的初级机械感应细胞，骨细胞通过缝隙连接与骨表面细胞和邻近骨细胞保持联系，它们对机械刺激的反应是加快代谢、激活相应基因表达，产生生长因子和基质。有研究表明，去除机械负荷24小时后的骨细胞含氧量降低，这表明机械负荷对维持营养供应、废物排出和细胞生存力非常重要。短时间（低于4分钟）的机械负荷刺激就可以阻止缺氧的发生。关于其机制，学者们分析主要是在应力作用下，一方面，细胞骨架为了分散张力和压力而重排，导致细胞发生一定的形变，从而直接激活骨细胞；另一方面，施加于骨的机械负荷引起细胞外基质在骨陷窝、骨小管内流动，在其中造成液流，进而通过骨细胞膜上的流动电势和（或）切应力来刺激骨细胞，二者共同发出的信息经细胞间的联系，将刺激信息传递至成骨细胞、破骨细胞，引起应答反应，从而使骨组织发生塑形等适应性变化。骨细胞选择性蛋白是成骨细胞分化为类骨细胞最早表达的蛋白。研究发现，应力作用下骨细胞可以选择性地表达，而且最早表达在骨细胞和骨细胞样细胞树状突起的表面，它能够促进连接骨细胞和软骨表面细胞的树状突起的形成，而这种树状突起在骨细胞支架和信号传导方面起很大的作用。还有研究结果显示，经应力作用，在近骨膜部和骨陷窝的骨细胞树状突起中的表达均增加，显示表达最多的部位不是在受应力最大的部位，而是在潜在骨重建部位。

另外，作为主要对骨机械应力刺激起应答作用的骨细胞在受到机械应力刺激后往往可迅速通过动员细胞内的第二信使，包括钙、一氧化氮和前列腺素进行应答。研究证实，应答的途径主要是激活激酶，引起信号级联反应，包括促分裂素原活化蛋白（MAP）激酶信号途径和蛋白激酶C（PKC）信号途径，同时通过影响相应基因表达的改变实现。除此之外，骨细胞对于应力刺激的应答也可通过自身释放可溶性细胞因子实现，通过这些细胞因子影响细胞的增生分化成骨细胞和破骨细胞。洛伊希特等研究者分别在体外及在体施加力学载荷于骨细胞，实验发现，机械力学可刺激上调骨细胞和骨膜细胞中趋化因子CXCL12，又被称为基质细胞衍生因子-1（SDF-1）。抑制CXCR4（SDF-1的特异性受体）信号通路则可减弱，在体力学刺激诱导骨的形成，提示CXCL12是调节成骨细胞功能的重要旁分泌因子。在体外实验中，科维等人发现置于不同流体剪切力的骨细胞中的相应基因表达可发生改变，其中参与趋化反应和炎症反应的三种趋化因子CXCL1、CXCL2和CXCL5基因表达明显增高，说明这些因子也可能是重要的旁分泌因子。然而，研究发现骨细胞也可通过分泌硬骨素负调节成骨细胞功能，而硬骨素是一种已知的Wnt信号通路抑制剂。罗布林和其他研究者的研究显示，机械负荷刺激可抑制硬骨素在骨细胞中的表达，从而消除其对成骨的抑制作用，新骨形成则继续。最近的体内研究通过Cre-LoxP基因重组技术特异性敲除骨细胞特定基因，包括IGF-I、Wnt/β-Caterin连接蛋白和核转录因子Nrf2，发现这些因子在骨细胞对机械应力适应过程中起着重要的作用。

二、运动应力性骨折发生特征及细胞可能机制

（一）运动应力性骨折发生特征

实践中发现，运动训练中有可能造成运动应力性骨折的异常因素可能包

括训练强度增加、训练场地表面坚硬、鞋子磨损或不合适、足部解剖结构不良等。然而，与一次性暴力损伤所致的骨折不同，运动应力性骨折是一种部分或不完性骨折，它是发生于正常骨质的应力性骨折，主要是由于骨遭受重复的运动冲击或异常压力时产生疲劳，进而出现微小龟裂造成的骨折。作为一种易于疲劳的"材料"，骨在循环载荷作用下，随循环次数的增加，容易发生疲劳（微）损伤。而且实验发现，骨疲劳损伤过程中往往伴随大量微裂纹的产生。不同于其他人工材料，在微观的一定范围内或在骨组织可再生修复的某一特定阈值内，微损伤可以通过骨的重建而修复。实验已经证实，骨发生微损伤的同时可激励骨的重建过程。然而，当损伤超过其阈值或骨组织再生修复不完全时，微裂纹中的一部分就会发展为宏观裂纹，裂纹的进一步扩展导致最后的骨断裂，随即发生运动应力性骨折。

（二）运动应力性骨折发生的可能细胞机制

由于骨细胞是机械应力刺激应答的主要细胞，因此骨发生微损伤后，骨细胞可能发出相应的微损伤"靶向"信号，这些信号可能涉及促进骨吸收或者对破骨细胞功能抑制的下降。以往的研究表明，在骨细胞数量较低区域可以增加微损伤的累积，缺乏活的骨细胞的区域骨重建减少，而且某些骨细胞是可以促进破骨细胞形成和激活。这些都表明骨细胞可能是骨发生微损伤后产生促进骨吸收信号的主要来源，但究其主要发生机制，有研究证实，骨微损伤的诱导产生与细胞凋亡导致的骨细胞死亡增加有关。在大鼠疲劳性骨折模型中，大规模的骨细胞凋亡与因机械应力刺激引起的皮质骨吸收产生微损伤密切相关。健康情况下，大鼠长骨中几乎没有皮质骨的重建，但如果皮质骨中产生微损伤，破骨细胞就可进入皮质骨通过骨吸收的方式进行重建而去除损伤。在诺伯及伟伯特等人的研究中，他们均对大鼠骨骼施加过载应力负荷进行骨疲劳损伤造模，然后对破骨细胞侵入和骨细胞凋亡在空间和时间的基础上进行监测。在疲劳损伤诱导后第7天，骨微损伤处首先发现短暂的骨细胞凋亡爆发，而不是破骨细胞的出现，即骨细胞的凋亡是先于破骨细胞侵入的。在骨疲劳损伤诱导后第14天，骨细胞的细胞凋亡导致活的骨细胞数量明显减少。然而，在损伤诱导后第28天，再吸收的骨被替换为新形成的骨，而且发现损伤部位骨细胞凋亡的增加与促凋亡分子Bax的增加有关。上述实验结果中细胞凋亡与损伤部位相关以及它出现在破骨细胞活性升高之前的事实均提示骨细胞凋亡的发生可能是破骨细胞侵入过程的信号来源，即骨微损伤可能导致骨细胞凋亡从而促进破骨细胞骨吸收。肯尼迪等人认为骨细胞的凋亡与破骨细胞信号通路有关。他们通过研究发生骨疲劳的骨细胞，发现其凋亡导致骨细胞中RANKL/OPG比例增加，而RANKL/OPG比例的增加可促进破骨细胞的数量和活性增加。

诺伯等人在对大鼠尺骨皮质骨施加机械应力负荷的实验中发现，在应用短时间生理机械负荷加载后，尺骨皮质发生骨吸收部位附近骨细胞凋亡的比例减半，而且通过合理应力范围机械负荷加载后，同一区域骨细胞凋亡和骨吸收都停止。而短时间应用过度机械负荷刺激的大鼠尺骨皮质骨区域即刻出现了骨细胞凋亡和皮质骨内重建。在其他细胞类型中，细胞凋亡涉及由于吞噬作用诱发去除细胞信号分子的产生，而且进行吞噬作用的细胞通常不是"专业的"吞噬细胞，而是相邻细胞。在骨组织中，由于只有破骨细胞可以有效去除矿化基质中凋亡的骨细胞，因此凋亡骨细胞产生的信号可能直接或间接地影响破骨细胞的形成和（或）功能。现有研究正在寻找这种信号分子。

由骨微损伤引发骨细胞凋亡的机制可能与机械敏感的信号传导途径有关，也可能与向细胞提供营养物质和氧气的细胞或缝隙连接小管系统直接物理损伤有关。已知上皮细胞和心肌细胞对高水平的应力拉伸应答时可发生细胞凋亡，主要通过诱导P53基因、血管紧张素II和FAS-配体的产生。另外，细胞膜对非正常范围内压力应激的应答也可能导致细胞死亡。然而，许多细胞在细胞膜破裂的情况下仍能够存活，研究显示，它们可通过溶酶体囊泡的融合进行快速修复，而且健康的肌肉骨骼组织内可能包含高达30%的受伤细胞。因此，需要进一步的工作来确定骨微损伤诱导骨细胞凋亡的具体机制。

最近的一些体外实验研究发现，过度的机械应力刺激也可导致成骨细胞的凋亡，认为这种机制与运动应力性骨折的发生有关，并认为成骨细胞凋亡的作用机制主要是由钙超载引起的线粒体凋亡通路诱发。钙是一个重要的成骨细胞的调节器，并且细胞内钙与成骨细胞功能的调节相关联。正常的机械刺激可促进成骨细胞的增殖与分化，主要是通过提高胞内钙水平和激活钙调蛋白以及CaMKII和c-fos的表达。但是大幅度循环拉伸（12%）下可诱导Ca^{2+}内流，从而激活活性氧，然后通过ASK1-JNK/p38的途径促进成骨细胞凋亡。有研究通过对3D支架培养的成骨细胞施加机械负荷后发现超载应力负荷对成骨细胞的增殖、分化和凋亡同时具有"双重作用"，而且超载应力负荷可以同时促进细胞的增殖、分化和凋亡。此研究结果显示短时间的超载应力负荷对成骨细胞增殖和分化有更大的影响，而长时间超载应力负荷则主要促进成骨细胞的凋亡，这一点与骨疲劳微损伤有关。而且研究发现，超载应力负荷对成骨细胞的"双重作用"与细胞内钙离子浓度有关。长时间超载应力负荷可导致成骨细胞内钙离子浓度过高，而且不易被移除至细胞外，容易诱发骨细胞凋亡。

（三）骨微损伤再造修复的细胞机制

骨骼由于反复不正确地运动产生和积累的微损伤（微裂纹），如不及时修复，骨的机械性能就会受到影响，降低了对骨折的抵抗能力，可能会发生运动应力性骨折，唯一的修复途径是骨重建。骨重建包括骨吸收和骨形成两个最重要的部分，主要是由位于细胞表面的多细胞功能单位（Basic Multicellyar Unit，以下简称BMU）来完成的，通过BMU调整使疲劳引起的微损伤得到修复，骨结构完整性得到保持，是维持骨组织损伤后由新骨替代而非瘢痕替代以及力学功能恢复的重要机制。

已被接受的观点认为骨的微观裂纹可能发出信号，直接指导局部骨重建反应。实验发现，疲劳性微损伤可导致狗的新骨重建单位增加4～6倍，且当皮质骨重建被双膦酸盐抑制50%~60%时，微损伤的总量增加5～6倍。伯尔等人发现，骨微损伤处破骨细胞功能活跃。因此，推测骨微损伤的移除不是通过单纯随机重塑过程来完成，而是破骨细胞有针对性的一个主动过程。而且发现大鼠诱发的骨皮质区域微损伤处破骨细胞的出现具有时间依从性，支持了骨微损伤后靶向消除作用的论点。然而是何种机制来诱发此主动过程？有学者认为，骨细胞的凋亡和（或）骨细胞功能低刺激下引起破骨细胞抑制信号的去除是破骨细胞募集到骨表面进行骨重吸收的机制，微损伤空间定位于骨细胞凋亡、吸收区域，显示损伤诱发骨细胞凋亡，从而引起破骨细胞的募集、激发新骨单位的重建。瓦希什等人的研究指出，疲劳负荷能够加速骨细胞凋亡。在大鼠疲劳性骨折模型中发现，由力学负荷产生的微损伤导致皮质骨吸收处大量的骨细胞发生凋亡的同时，在产生微损伤的皮质骨中，破骨细胞进入移除微损伤。

虽然引起骨细胞死亡（凋亡）的机制并不清楚，但是可能包括骨基质中的微裂隙对骨细胞的直接损伤，或者废用时缺乏液体的对流。由于微损伤可直接使骨细胞损伤，导致骨细胞与骨基质之间撕裂，中断了通过细胞突的信息传输，同时改变了骨细胞的新陈代谢。实验发现，微破裂对骨细胞胞突损伤、牵拉等这些刺激可影响细胞活性，进而对破骨细胞和成骨细胞产生影响，加速或抑制骨转化。长度一般超过100微米的微破裂会对相邻骨细胞间胞突造成明显损伤，导致其之间的胞突撕裂。撕裂的胞突可能会直接分泌活性物质到细胞外基质，引发修复反应。仓田等发现受损的骨细胞受体激活核因子-κB配体的表达可上调，继而激活破骨细胞而启动骨重建。而在相对破裂位移较小的破裂尖端附近未发现断裂的胞突，在局部牵张力作用下，细胞活性同样会发生变化。缪尔等人研究发现，疲劳负载诱发骨充血和骨细胞陷窝—骨小管内液向基质渗漏，可能伴随类似破骨细胞趋化因子的释放而募集破骨细胞到微损伤区，从而启动骨重建，上述应答可能由神经血管向体液调节。然而微损伤介导的骨细胞凋亡具体机制仍然不甚清楚，而且骨微损伤介导的骨细胞凋亡和定向破骨细胞活性之间的潜在分子机制仍在探索之中，但是骨细胞凋亡作为潜在信号诱发破骨细胞的功能提高已被我们认知。

破骨细胞启动了BMU，必然存在一个与之相平衡的骨形成过程。经典的应力刺激信号传递通路显示，外力作用后，骨细胞微结构可发生变化。其微结构变化有两种结果：一是细胞内外离子浓度发生改变，产生电信号；二是激活第二信号并传导入细胞核。骨骼细胞感受应力后，成骨细胞和骨细胞可产生一系列的第二信使分子，如Ca^{2+}、cAMP、蛋白激酶C和三磷酸肌醇（IP3）等。第二信使将信号传入细胞核，指导细胞因子合成，使前列腺素、胰岛素生长因子（IGF-I）、一氧化氮、BMP、转化生长因子合成增加，促进成骨细胞增生。研究发现，在应力导致骨小管流体运动异常时，骨细胞可将这种信号传递到成骨细胞和破骨细胞。TNF-α是一种具有凋亡作用的致炎细胞因子，当骨小管内流体在应力作用下停滞时，它通过在成骨细胞和破骨细胞中成倍增加而增强凋亡作用。一小时搏动性液体流动（0.70±0.30帕，5赫兹）可抑制25% TNF-α对骨细胞的诱导凋亡作用，但不针对成骨细胞和骨膜成纤维细胞。这提示，TNF-α是应力诱导骨细胞凋亡的关键调控因子。骨微损伤后进行重建时，TNF-α诱导凋亡作用可能对机体骨细胞的增殖起重要作用，可有效促进骨细胞新陈代谢，促进骨微损伤修复。这种由骨小管流体运动异常引起的信号传导可在损伤早期就起作用，随后可能与经典信号传导通路交连，可有效动员机体的应激反应，激活骨细胞，促进微损伤修复。上述实验表明，由于骨结构的特殊性，经典信号传导途径起作用的同时，也激活了骨特异性信号传导途径，为运动应力性骨折愈合机制的研究开拓了新思路。

三、总结和展望

总之，运动应力性骨折的细胞机制仍在探索中，但根据现有的研究可以得出：骨遭受运动性重复负荷可导致骨微损伤，如不及时修复或修复不完全，可能导致运动应力性骨折。骨微损伤发生后，微观裂纹可能发出信号，这种信号微损伤可能促使骨细胞凋亡，诱发破骨细胞的骨吸收，从而直接导致局部骨重建反应。在骨吸收的同时，通过经典通路或骨的特殊信号通路，可促进骨细胞的新陈代谢，促进骨折的修复，但这仅仅是初步的探索结果，随着对运动应力性骨折细胞机制与生物力学机制的进一步深入研究，将对易发此类骨折的运动人群提出有效的防治措施。

参考文献

［1］VERBRUGGEN S, GARRIGLE M M, HAUGH M, et al. Altered Mechanical Environment of Bone Cells in an Animal Model of Short- and Long-

Term Osteoporosis［J］. Biophys J, 2015, 108（7）: 1587-1598.

［2］CARDOSO L, HERMAN B C, VERBORGT O, et al. Osteocyte Apoptosis Controls Activation of Intracortical Resorption in Response to Bone Fatigue［J］. J Bone Miner Res, 2009, 24（4）: 597-605.

［3］TATSUMI S, ISHII K, AMIZUKA N, et al. Targeted Ablation of Osteocytes Induces Osteoporosis with Defective Mechanotransduction［J］. Cell Metab, 2007, 5（6）: 464-475.

［4］LEUCHT P, TEMIYASATHIT S, RUSSELL A, et al. CXCR4 Antagonism attenuates load-induced periosteal bone formation in mice［J］. J Orthop Res, 2013, 31（11）: 1828-1838.

［5］GOVEY P M, KAWASAWA Y I, DONAHUE H J. Mapping the osteocytic cell response to fluid flow using RNA-Seq［J］. J Biomech, 2015, 48（16）: 4327-4332.

［6］ROBLING A, NIZIOLEK P, Baldridge L, et al. Mechanical Stimulation of Bone in Vivo Reduces Osteocyte Expression of Sost/Sclerostin［J］. J Biol Chem, 2008, 283（9）: 5866-5875.

［7］JAVAHERI B, STERN A R, Lara N, et al. Deletion of a Single β-Catenin Allele in Osteocytes Abolishes the Bone Anabolic Response to loading［J］. J Bone Miner Res, 2014, 29（3）: 705.

［8］NOBLE B S, PEET N, STEVENS H Y, et al. Mechanical Loading: Biphasic Osteocyte Survival and Targeting of Osteoclasts for Bone Destruction in Rat Cortical bone［J］. Am J Physiol Cell Physiol, 2003, 284（4）: 934.

［9］VERBORGT O, GIBSON G J, SCHAFFLER M B. Loss of Osteocyte Integrity in Association with Microdamage and Bone Remodeling After Fatigue in Vivo［J］. J Bone Miner Res, 2010, 15（1）: 60-67.

［10］KENNEDY O D, LAUDIER D M, MAJESKA R J, et al. Osteocyte Apoptosis is Required for Production of Osteoclastogenic Signals Following Bone

Fatigue in Vivo［J］. Bone, 2014, 64: 132-137.

　［11］LIU L, LI H, CUI Y, et al. Calcium Channel Opening Rather than the Release of ATP Causes the Apoptosis of Osteoblasts Induced by Overloaded Mechanical Stimulation［J］. Cell Physiol Biochem, 2017, 42（2）: 441.

　［12］Burr D B, ALLEN M R. Foreword: Calcified Tissue International and Musculoskeletal Research Special Issue［J］. Calcif Tissue Int, 2015, 97（3）: 199-200.

　［13］VASHISHTH D. Rising Crack-Growth-Resistance Behavior in Cortical Bone: Implications for Toughness Measurements［J］. J Biomech, 2004, 37（6）: 943-946.

　［14］KURATA K, HEINO T J, HIGAKI H, et al. Bone Marrow Cell Differentiation Induced by Mechanically Damaged Osteocytes in 3D Gel-Embedded Culture［J］. J Biomed Mater Res, 2010, 21（4）: 616-625.

　［15］MUIR P, SAMPLE S J, BARRETT J G, et al. Effect of Fatigue Loading and Associated Matrix Microdamage on Bone Blood Flow and Interstitial Fluid Flow［J］. Bone, 2007, 40（4）: 948-956.

　［16］VASHISHTH D, VERBORGT O, DIVINE G, et al. Decline in Osteocyte Lacunar Density in Human Cortical Bone is Associated with Accumulation of Microcracks with Age［J］. Bone, 2000, 26（4）: 375-380.

　［17］LIU Y, PORTA A, PENG X, et al. Prevention of Glucocorticoid Induced Apoptosis in Osteocytes and Osteoblasts by Calbind in-D28［J］. J Bone Miner Res, 2004, 19（3）: 479-490.

　［18］GU G, MULARI M, PENG Z, et al. Death of Osteocytes Rurns off the Inhibition of Osteoclasts and Triggers Local Bone Resorption［J］. Biochem Biophys Res Commun, 2005, 335（4）: 1095-1101.

　［19］HAZENBERGA J G, FREELEY M, FORAN E, et al. Microdamage: A Cell Transducing Mechanism Based on Ruptured Osteocyte Processes［J］. J Biomech, 2006, 39（11）: 2096-2103.

［20］HRLICH P J, NOBLE B S, JESSOP H L, et al. The Effect of in Vivo Mechanical Loading on Estrogen Receptor α Expression in Rat Ulnar Osteocytes［J］. J Bone Miner Res, 2002, 17（9）: 1646-1655.

［21］TAN S D, KUIJPERS-JAGTMAN A M, SEMEINS C M, et al. Fluid Shear Stress Inhibits TNFalpha-Induced Osteocyte Apoptosis［J］. J Dent Res, 2006, 85（10）: 905.

［22］WEYTS F, BOSMANS B, NIESING R, et al. Mechanical Control of Human Osteoblast Apoptosis and Proliferation in Relation to Differentiation ［J］. Calcif Tissue Int, 2003, 72（4）: 505-512.

［23］PARKESH R, LEE T C, GUNNLAUGSSON T, et al. Microdamage in Bone: Surface Analysis and Radiological Detection［J］. J Biomech, 2006, 39（8）: 1552-1556.

［24］MILGROM C, FINESTONE A, SEGEV S, et al. Are Overground or Treadmill Runners More Likely to Sustain Tibial Stress Fracture? ［J］. British Journal of Sports Medicine, 2003, 37（2）: 160-163.

［25］HOSHI K, KAWAKI H, TAKAHASHI I, et al. Compressive Force-Produced CCN2 Induces Osteocyte Apoptosis Through ERK1/2 Pathway ［J］. J Bone Miner Res, 2014, 29（5）: 1244-1257.

［26］RUPPEL M E, BURR D B, MILLER L M. Chemical Makeup of Microdamaged Bone Differs from Undamaged Bone［J］. Bone, 2006, 39 （2）: 318-324.

［27］HAZENBERG J G, FREELEY M, FORAN E, et al. Microdamage: A Cell Transducing Mechanism Based on Ruptured Osteocyte Processes［J］. J Biomech, 2006, 39（11）: 2096-2103.

［28］PARFITT A M. Trageted and Nontargeted Bone Remodeling: Relationship to BMU Origination and Progression［J］. Bone, 2002, 30 （1）: 5-7.

［29］MASHIBA T, HIRANO T, TURNER C H, et al. Suppressed Bone Turnover by Bisphosphonates Increases Microdamage Accumulation and Reduces Some Biomechanical Properties in Dog Rib［J］. J Bone Miner Res, 2000, 15 （4）: 613-620.

跑步经济性可训练性的理论溯源：
基于力量训练的视角兼谈环境因素的影响

深圳大学体育部　任占兵

摘要： 关于改善跑步经济性（Runing Economy，以下简称"RE"）的训练方法问题一直是运动员、教练员和科研人员所关心的。本研究从力量训练和训练环境两个方面探索改善RE的训练学因素。研究发现，最大力量训练和爆发力训练均可以改善RE，但是相关研究的跟踪时间一般较短，为12周左右，长期的跟踪研究并不多见，建议未来的研究增加观察的时间跨度，继续探索长期（20周或者更长时间）力量训练对RE的影响及机制。另外，研究发现了高原训练可以显著改善RE，但是高原训练的方法比较复杂，不同训练方法对RE的影响及机制问题仍然存在不确定性。同时，由于大自然是一个复杂的巨大系统，当前的研究仅仅探索了高原训练及在不同温度下训练对RE的影响，但是，由于研究数量较少，建议未来比较不同的高原训练方法对RE的影响研究，并进一步探索不同温度下训练对RE及运动成绩的影响机制。

关键词： 跑步经济性；力量训练；训练环境；热环境；高原训练

　　力量和耐力似乎是水火不容的两种运动能力，一个运动员的力量如果很好，其耐力可能是短板；反之亦然。那么，两种运动能力能否同步发展？其对RE又有怎样的影响？在本文中，笔者重点从力量训练的视角来讨论RE的可训练性问题，兼谈环境因素对RE的影响。

　　多数的研究证明了RE具有可训练性，即通过一段时间的训练，RE得到改善，但是，大多数研究的对象是未受训或者中等受训水平的运动员，尤其是对于未受过专业训练的普通受试者，RE随耐力训练而改善的原因除了训练学因素之外，也可能是一个自然适应的过程。受过多年高水平训练的跑步者，已经拥有高水平的RE，要想通过训练改变他们的RE存在一定困难。

一、力量训练与RE

耐力运动员必须具备在比赛中维持较高速度的能力，这就特别强调耐力运动员应具备良好的自主神经激活能力、神经肌肉控制能力、肌肉力量和弹性性能、跑步力学效率和无氧代谢能力。如图1所示，耐力训练可以改善肌肉的有氧代谢能力、改善人体心血管系统代谢能力。力量训练不仅可以提升有氧能力、无氧能力，还可以改善人体的神经肌肉控制能力。

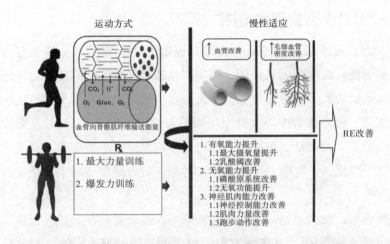

图1 力量训练对改善RE的理论基础

人体肌纤维的数量超过2500万条，但运动神经元的数量却只有42万条左右。因为每一条肌纤维都受到运动神经元的支配，所以每一条运动神经元必须不断产生分支，才能达到每一条运动神经纤维支配着一条或多条肌纤维的比例。由于所有受同一运动神经元支配的肌纤维都会同时收缩或舒张，即整体地运作，所以每一条独立的运动神经元和所有受其支配的肌纤维被统称为一个运动单位，而运动单位也是骨骼肌的基本运作单位。每一条运动神经元所支配的肌纤维数量与肌肉本身的大小并无实际关系，反而与肌肉运作时要达到的精确度和协调性有关。

耐力跑步运动员除了进行专项跑步耐力训练之外，通过适当的外周肌肉训练，可以进一步优化运动神经元对神经肌肉的控制，使跑步动作更加精确和协调。在人们的运动过程中，所有指令都从大脑发出，因此，跑步和力量训练也可能间接地影响大脑，使大脑工作效率提高。关于这方面的研究，笔者及团队成员通过FMRI（功能性磁共振成像）对高水平运动员大脑结构和功能的研究得到积极的发现，进一步证实了运动训练不仅可以改善人体的外周神经肌肉控制能力，而且可以改善人体的中枢神经系统。上述外周和中枢的改善，均有可能对RE产生积极影响。

（一）最大力量训练与RE

最大力量是指肌肉通过最大收缩克服阻力时所表现出来的最高力量。最大力量训练可以改善无氧特征，例如产生高血乳酸代谢的能力、较短的触地时间、承受较大力量的能力等。最大力量训练可以提高未受过专项训练者的跑步成绩，同时改善中等女性专项训练者的RE，且VO_2max并没有发生变化。这说明了最大力量训练后，人体内外结构发生了本质变化，神经肌肉结构也发生了变化，无氧能力得到提升，对保证耐力跑步过程中高速度和高强度非常重要。

研究表明，最大力量与耐力同时训练可以改善受过良好铁人三项训练运动员的运动成绩和RE。在该研究中，14周的高强度阻力训练，与单独耐力组相比，在耐力和力量组产生较低的次最大摄氧量，而且耐力和力量组与测试前比较，其RE有显著改善，这个结果进一步证实了最大力量训练和耐力同步训练比单纯进行耐力训练有更好、更积极的效果，尤其是对改善RE具有积极作用。

值得注意的是，最大力量训练要注意重复次数，耐力运动员不需要拥有像健美运动员一样的肌肉横截面积，因此，在进行力量训练的过程中也需要考虑训练的方法、频率以及强度等因素，否则，力量训练对RE产生的效果可能不是很明显，甚至背道而驰。图2列出了最大重复次数所对应的发展目标，不同的重复次数，发展的素质有很大的差异。

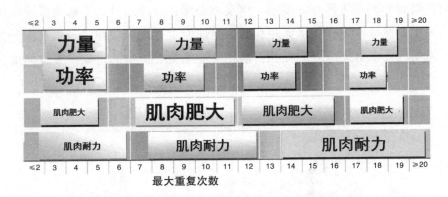

图2　最大重复次数与力量训练发展目标的关系

另外，训练设计和训练周期对RE均有影响。薛峰等人研究发现，长跑运动员最大力量训练的设计对RE存在显著的影响，说明了力量训练的设计不同，对RE的影响也不同。李山等人研究发现，分期力量训练有助于改善中长跑运动员的RE。作者指出，分期力量训练可按基础期、最大力量期、肌肉耐力转化期、保持期及过渡期进行。因此，在对耐力跑步运动员进行最大力量训练的过程中，不仅要考虑力量训练的设计问题，还要考虑力量训练的周期特征。

（二）爆发力训练与RE

爆发力是指在最短时间内使器械（或人体本身）移动到尽量远的距离。顾名思义，这种力能在瞬间迸发出巨大的能量。爆发力的实质是不同的肌肉间相互协调的能力，是力量素质和速度素质相结合的一项人体素质。力量训练中的爆发力训练会产生专项神经适应，例如运动单位激活数量的增加、产生较小的肌肉肥大等。

爆发力训练可以通过拉长—缩短周期的肌肉力量和时间过程特征来改善肌肉产生较高功率的能力。如图3所示，人体在跑步支撑阶段，肌肉首先表现出预激活状态，紧接着表现出拉长状态，然后在蹬地过程中呈现出缩短状态。有研究证实了在固定的小腿肌肉测试过程中，肌肉纤维的硬度和力量增加率均有所提高。因此，爆发力训练有可能通过改善肌肉纤维系统的硬度，使身体更有效地储存和利用弹性能量，进而使跑步过程拉长—缩短周期的效率得到进一步提升，最终使运动员在跑步的过程中节省能量，改善RE。

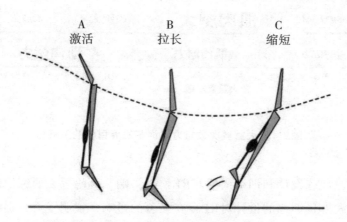

图3　跑步过程的拉长缩短周期

爆发力训练可以使肌肉产生更多的力，且没有出现能量代谢的增加。帕沃莱宁等人的研究表明，对中等训练水平的运动员进行9周的爆发力训练可以改善RE和提升5千米跑的成绩，且最大摄氧量并没有发生改变。该研究也通过采用20米冲刺跑、五级跨跳和相对应的触地时间、连续200米跑的垂直和水平力来评价运动员的神经肌肉特征。实验组与控制组相比，上述所有指标均有增加。这些研究表明，爆发力训练能通过改善神经肌肉功能来改善RE和提升运动成绩。

研究表明，对中等训练水平的运动员进行6周的爆发力训练可以改善RE和提升运动成绩，且最大摄氧量不发生变化，值得注意的是，6周的爆发力训练虽然可以改善RE，但针对的并不是高水平的长跑运动员，其机制有待进一步研究。但是，对优秀运动员进行爆发力训练的研究还不多见。桑德斯等人的研究表明，短期的爆发力训练可以改善高水平中长跑运动员的RE。该研究认为，对高水平运动员进行短期的爆发力训练可以有效改善RE，其机制可能归因于肌肉组织变化或者跑步生物力学的变化。

二、训练环境与RE

（一）高原环境与RE

随着海拔的增加，氧气含量呈现递减趋势，人体吸入氧气的含量随着海拔的增加也呈现出递减趋势。

近年来，耐力运动员采用了多种新的装置模拟高原环境进行训练。这些装置通过氮稀释产生常压低氧，为运动员营造高住低训的环境。

高原适应导致中枢和外周适应，使氧气的传输和利用效率提高，这种机制具有改善RE的潜力。然而，迄今关于高原训练、模拟低氧对高水平运动员RE的影响研究结论尚不明确。

关于高原训练对耐力表现的研究非常广泛。目前，高原训练可以改善运动员在平原的运动成绩，这已经得到运动训练界的广泛认可。但是，具体机制目前还不是很清楚，但可以得知的是，运动员经过高原训练的血液流变学特征发生了变化（例如，红细胞数量增多），肌肉产生局部适应（例如，骨骼肌缓冲能力增加），因此，高原训练改善RE的可能机制包括肺通气量消耗减少、三磷酸腺苷增加、糖的氧化磷酸化增加、兴奋性改善、收缩过程能量减少等。高原训练的传统方法是高住高训，由于各个国家不同的地理位置不便于都采用高住高训的方法。因此，产生了模拟高原训练的方法，即住在模拟高原、平原或接近平原处训练。

低氧暴露是否对RE有影响，这个问题目前还存在分歧，有研究认为低氧暴露对RE没有影响，也有研究证实了低氧暴露可以改善RE。有研究认为，运动员经过一段时间的高原适应，再回到平原运动时的RE会减少或者未改变，这种结果认为高原训练对跑步和自行车运动员的RE没有干扰。研究人员对高原居住人群的RE与平原居民的RE进行比较，得出结论：高原居住人群的RE比较好，表明其具有好的经济性。格林等人研究了21天人体高原的身体适应效果，认为高原暴露是RE改善的主要原因，高原适应后RE改善21%；目前，对优秀运动员高原训练与RE之间的关系探索并不多见，未来的研究应该关注高原训练对高水平跑步运动员RE的影响。

有研究发现，高水平运动员训练后RE可以改善。戈尔等人通过对6名高水平铁人三项运动员进行3000米模拟高原环境居住发现，高水平运动员高原训练可以改善其RE的结果。片山等人证明，间歇低氧训练的两种模式可以改善RE。另一个研究认为，每天3小时、持续两周的间歇常压低氧暴露可以使优秀运动员的RE改善2.6%。还有研究证实了高水平运动员20天模拟低氧居住和平原训练可以改善RE，但是其心肺和红细胞数量缺少变化。

（二）热环境与RE

人体在热环境中运动，对运动表现具有一定影响。以马拉松为例（图4），随着湿球温度（WBGT）从10℃增加到25℃（相当于干球温度从8℃增加到22℃），优秀马拉松运动员的运动成绩（130分钟左右）大约递减2%，即2~3分钟；而3小时完赛选手的运动成绩大约递减10%，约18分钟。

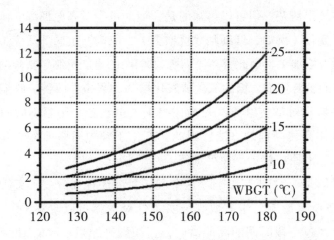

图4　马拉松成绩随温度递增减少的百分比

在热环境下跑步，人体会受到三方热量的干扰，分别是太阳的热辐射、人体在代谢过程中产生的热量、地面对人体产生的热辐射（图5）。

图5 跑步过程产热来源与热量损伤

从温暖环境过渡到热环境训练，可以通过肌肉的工作效率增加而改善RE。热环境下急性或慢性的训练伴随着较低的核心温度，血浆含量的增加，可以削弱体温调节性反应的大小（因为通气、循环和出汗均增加），减少热应激伴随的能量需求。训练伴随的热聚集可以增加12%的血浆含量。增加的血浆含量可以帮助维持心输出量，从而减少心肌能量的消耗。在热环境下训练，人体整个血液黏度下降，而血液黏度的下降会对耐力成绩有很好的帮助。从温暖到炎热环境的训练适应也可以使运动员在一定速度下的心率和核心温度降低，伴随着RE的改善。这些研究支持前述的内容，即在适度炎热的天气训练可以改善在正常温度下的RE和运动成绩，但由于数据的不足还不能得到确切的结论。

三、结论

（1）最大力量和爆发力训练均可以改善RE，问题是相关的研究周期一般较短，在12周左右，长期的跟踪研究并不多见，建议未来的研究增加研究时间的跨度，探索长期力量训练对RE的影响机制。

（2）训练环境对RE的影响研究仅仅是冰山一角。由于大自然是一个复杂的巨大系统，当前的研究仅仅探索了高原训练以及在不同温度下训练对RE的影响，大部分的研究发现高原训练可以显著改善RE，但是高原训练的方法手段比较复杂，不同的训练方法对RE的影响及机制问题仍然存在不确定性，建议未来比较不同的高原训练方法对RE及其机制的影响进行研究，进一步探索不同温度下训练对RE及运动成绩的影响机制。

参考文献

［1］PAAVOLAINEN L, HAKKINEN K, HAMALAINEN I, et al. Explosive-Strength Training Improves 5-km Running Time by Improving Running Economy and Muscle Power［J］. J Appl Physiol, 1999, 86（5）: 1527-1533.

［2］BULBULIAN R, WILCOX A R, DARABOS B L. Anaerobic Contribution to Distance Running Performance of Trained Cross-Country Athletes ［J］. Med Sci Sports Exerc, 1986, 18（1）: 107-113.

［3］HOUMARD J A, COSTILL D L, MITCHELL J B, et al. The Role of Anaerobic Ability in Middle Distance Running Performance ［J］. Eur J Appl Physiol Occup Physiol, 1991, 62（1）: 40-43.

［4］HICKSON R C, DVORAK B A, GOROSTIAGA E M, et al. Potential for Strength and Endurance Training to Amplify Endurance Performance ［J］. J Appl Physiol, 1988, 65（5）: 2285-2290.

［5］MARCINIK E J, POTTS J, SCHLABACH G, et al. Effects of Strength Training on Lactate Threshold and Endurance Performance ［J］. Med Sci Sports Exerc, 1991, 23（6）: 739-743.

［6］MCCARTHY J P, AGRE J C, GRAF B K, et al. Compatibility of Adaptive Responses with Combining Strength and Endurance Training ［J］. Med Sci Sports Exerc, 1995, 27（3）: 429-436.

［7］JOHNSTON R E, QUINN T J, KERTZER R, et al. Strength

Training in Female Distance Runners: Impact on Running Economy [J]. Journal of Strength and Conditioning Research, 1997, 11 (4): 224–229.

[8] MILLET G P, JAOUEN B, BORRANI F, et al. Effects of Concurrent Endurance and Strength Training on Running Economy and . VO (2) kinetics [J]. Med Sci Sports Exerc, 2002, 34 (8): 1351–1359.

[9] 薛锋, 陈庆果, 张健. 长跑运动员最大力量训练的设计及其对跑步经济性的影响 [J]. 中国体育科技, 2014, 50 (3): 3–12.

[10] 李山, 陈春彦, 李兆林. 分期力量训练对中长跑运动员跑步经济性的影响 [J]. 体育学刊, 2014 (1): 104–109.

[11] HÄKKINEN K, KOMI P V, ALÉN M. Effect of Explosive Type Strength Training on Isometric Force- and Relaxation-Time, Electromyographic and Muscle Fibre Characteristics of Leg Extensor Muscles [J]. Acta Physiol Scand, 1985, 125 (4): 587–600.

[12] TURNER A M, OWINGS M, SCHWANE J A. Improvement in Running Economy After 6 Weeks of Plyometric Training [J]. J Strength Cond Res, 2003, 17 (1): 60–67.

[13] SPURRS R W, MURPHY A J, WATSFORD M L. The Effect of Plyometric Training on Distance Running Performance [J]. Eur J Appl Physiol, 2003, 89 (1): 1–7.

[14] TURNER A M, OWINGS M, SCHWANE J A. Improvement in Running Economy after 6 Weeks of Plyometric Training [J]. J Strength Cond Res, 2003, 17 (1): 60–67.

[15] DICK F W. Training at Altitude in Practice [J]. Int J Sports Med, 1992, 13 (S1): 203–205.

[16] BURSTSCHER M, NACHBUER W, BAUMGARTL P, et al. Benefits of Training at Moderate Altitude Versus Sea Level Training in Amateur Runners [J]. Eur J Appl Physiol Occup Physiol, 1996, 74 (6): 558–563.

[17] BROOKS G A, BUTTERFIELD G E, WOLFE R R, et al.

Increased Dependence on Blood Glucose after Acclimatization to 4300 m［J］．J Appl Physiol，1991，70（2）：919-927．

［18］GORE C J，HAHN A，RICE A，et al．Altitude Training at 2690m does not Increase Total Haemoglobin Mass or Sea Level VO2max in World Champion Track Cyclists［J］．J Sci Med Sport，1998，1（3）：156-170．

［19］GREEN H J，GRANT S，BURNETT M，et al．Increases in Submaximal Cycling Efficiency Mediated by Altitude Acclimatization［J］．J Appl Physiol，2000，89（3）：1189-1197．

［20］HOCHACHKA P W，STANLEY C，MATHESON G O，et al．Metabolic and Work Efficiencies During Exercise in Andean Natives［J］．J Appl Physiol，1991，70（4）：1720-1730．

［21］KATAYAMA K，MATSUO H，ISHIDA K，et al．Intermittent Hypoxia Improves Endurance Performance and Submaximal Exercise Efficiency ［J］．High Alt Med Biol，2003，4（3）：291-304．

［22］LENINE B D，James S G．"Living High-Training Low"：Effect of Moderate-Altitude Acclimatization with Low-Altitude Training on Performance ［J］．J Appl Physiol，1997，83（1）：102-112．

［23］RUSKO H R．New Aspects of Altitude Training［J］．Am J Sports Med，1996，24（6 Suppl）：48-52．

［24］KATAYAMA K，MATSU H，ISHIDA K，et al．Intermittent Hypoxia Improves Endurance Performance and Submaximal Exercise Efficiency ［J］．High Alt Med Biol，2003，4（3）：291-304．

［25］KATAYAMA K，SATO K，MATSUO H，et al．Effect of Intermittent Hypoxia on Oxygen Uptake During Submaximal Exercise in Endurance Athletes［J］．Eur J Appl Physiol，2004，92（1-2）：75-83．

［26］ROBERTS A C，BUTTERFIELD G E，CYMERMAN A，et al．Acclimatization to 4300-m Altitude Decreases Reliance on Fat as a Substrate ［J］．J Appl Physiol，1996，81（4）：1762-1771．

［27］SAUNDERS P U. Improved Running Economy in Elite Runners after 20 Days of Simulated Moderate-Altitude Exposure ［J］. J Appl Physiol, 2004, 96（3）: 931-937.

［28］GORE C J, HAHN A, RICE A, et al. Altitude Training at 2690m Does not Increase Total Haemoglobin Mass or Sea Level VO2max in World Champion Track Cyclists ［J］. J Sci Med Sport, 1998, 1（3）: 156-170.

［29］HANSEN P. Running and Science ［J］. Scand J Med Sci Spor, 2002, 12（1）: 62.

［30］BAILEY S P, PATE R R. Feasibility of Improving Running Economy ［J］. Sports Med, 1991, 12（4）: 228-236.

［31］TELFORD R D, KOVACIC J C, SKINNER S L, et al. Resting Whole Blood Viscosity of Elite Rowers is Related to Performance ［J］. Eur J Appl Physiol Occup Physiol, 1994, 68（6）: 470-476.

从功能性训练角度浅谈功能性动作筛查

河北省体育科学研究所　史东林

摘要：在功能性训练视角下浅谈功能性动作筛查（FMS）及其在河北省女子铁饼运动队中的实际应用和效果评价，同时进一步提出在功能性训练之前的功能性动作筛查测试是必不可少的。人体一些基本的对称与非对称性、动作的灵活性和稳定性都可以通过功能性动作筛查有效地测试出来，所以说功能性动作筛查的出现可以减少一些不必要的测试和数据分析。

关键词：功能性训练；功能性动作筛查；矫正性训练

目前，功能性动作筛查及功能性训练的方法已被大多数的高水平运动队广泛采用，且在运动伤病预防、提高训练效率和竞技能力及保障运动寿命持续性等方面均取得了成就，功能性动作筛查及功能性训练也成为当前世界运动训练领域理论和实践热点。

近些年，功能性训练以及功能性动作筛查在大众健身和竞技体育领域中都得到了广泛的推广和应用。

功能性动作筛查是通过7个动作将人类本身所具备，但因后天的习惯和训练而失去的基本运动功能筛查出来，并通过不同的矫正性训练使运动员恢复基本的运动功能。

一切运动的专项训练无疑是让运动员的身体功能更好地达到专项训练的要求，但是由于运动员身体各部位发展的不平衡，也可能导致身体本身的某些正常基本功能受到破坏。不过这些基本运动功能受损都可以通过功能性动作筛查表现出来。

一、功能性训练与非功能性训练的区别

功能性训练与非功能性训练的首要区别是动作设计的结构不同。"结构是系统整体存在的基础，有什么样的结构就有什么样的整体，有什么样的整体就有什么样的特性和功能"。所以说，动作结构的不同导致训练效果的不同，如表1所示。

表1 功能性训练与非功能性训练的区别

	非功能性训练	功能性训练
动作模式特点	1. 动作相对单一 2. 方法比较固定 3. 一般多为单关节或身体局部 4. 有固定支撑平面	1. 动作种类多样 2. 运动是多维度的 3. 动作轨迹无固定，随机发生 4. 动作无序变化 5. 动作无稳定支撑
训练思路	1. 主要是发展力量水平，强调的是大训练量 2. 强调运动员意志品质，认为没有痛苦，就没有收获 3. 主要单纯提高肌肉或运动量	1. 强调发展机体的弱链和对称性 2. 强调关节灵活性和稳定性的平衡发展 3. 强调发展支柱力量.核心力量来提高机体动力链能量传输效果 4. 强调动作模式的正确、有效和经济性 5. 强调运动损伤的预防和可持续发展 6. 主要基于动作和提升运动能力

功能性动作筛查是在功能性训练的基础之上发展起来的，是对筛查并检测出人体最基本的运动功能而采取的测试。而功能性训练是以人体最基础的灵活性和稳定性为基础，进一步发展人体高效的运动模式，最后通过整合训练，使技战术在身体能力基础上得到高效的整合并运用于运动比赛中。

二、功能性动作筛查以及测试评价

（一）功能性动作筛查概述

功能性动作筛查可以有效地评价我们在进行专项训练时的基础。绝大多数的运动员损伤都是由于一系列功能障碍造成补偿性动作的产生。功能性动作筛查是对自身功能以及身体能力的一种检测方法，是对传统体能测试方法一种有效的补充。

（二）功能性动作筛查的目的

功能性动作筛查主要由七个测试动作和三个排除性动作组成，七个动作所采用的均为基本可测量的动作模式，要求体现受试者的灵活性和稳定性（表2）。

表2　功能动作筛查的名称

测试动作	深蹲	跨栏架步	直线弓步蹲	肩部灵活性	主动直膝抬腿	躯干稳定性俯卧撑	躯干旋转稳定性
排除性动作	肩部碰撞测试		俯撑起身测试			跪姿下腰测试	

功能性动作筛查中的七个动作的单项测试都有各自的针对性和测试目的。通过让受试者完成这些动作，发现受试者的动作弱链、不对称性、不平衡性及功能受限或不良等方面的问题。在进行测试时，要求受试者最大幅度、匀速稳定地完成每个测试动作，如果受试者某个功能性动作存在障碍或缺陷，其动力链的薄弱环节就会充分地表现出来，从而达到筛查的目的。

（三）功能性动作筛查在河北省女子铁饼组的实际应用

女子投掷项目一直是河北省田径运动的潜优势项目，其中女子铁饼更是投掷项目中的优势项目，队中有亚洲纪录保持者肖艳玲，第九届全国运动会冠军、北京奥运会铜牌获得者宋爱民，第十三届全国运动会冠军、里约奥运会第五名的苏欣悦，第十三届全国运动会季军、里约奥运会第七名陈扬等知名女子铁饼运动员。功能性动作筛查在河北省女子铁饼队中的开展时间最早，应用也最普遍。

从女子铁饼对肩功能性动作筛查结果中发现，不对称性人数最多的是跨栏架步和直线弓步蹲，其次是肩部灵活性和主动直膝抬腿。筛查结果中，得0分人数最多的测试动作是肩部灵活性（有2名运动员），占总人数的33.3%，其次是躯干稳定性俯卧撑得0分的有1名运动员，占总人数的16.7%；得1分的未出现。下一步的训练首先要解决运动员的疼痛问题，尤其是运动员肩关节和腰背部的疼痛问题，还要解决运动员的跨栏架步、直线弓步蹲、肩部灵活性及主动直膝抬腿的不对称问题。

通过测试发现，女子铁饼队所有运动员主要存在如下问题：某些运动员出现了一些补偿性动作，以及不对称、不平衡的问题，主要集中在跨栏架步、直线弓步蹲、肩部灵活性，以及主动直膝抬腿动作上。一些补偿性动作虽然可以帮助他们勉强完成测试，但这些动作的有效性遭到了破坏，导致力量传递的缺失。

通过分析，运动员身上普遍存在的问题集中在肩部灵活性、直线弓步蹲和主动直膝抬腿这三个测试项目上。其中两名重点运动员存在肩部疼痛问题，这应该是运动员优先解决的问题；然后是跨栏架步、直线弓步蹲和主动直膝抬腿这三个测试都间接地反映出运动员左右两侧的不对称性。如果人体左右两侧存在着不对称性，就会使身体在运动过程中出现不平衡，从而导致左右侧发力不均匀，进一步影响动力链的有效传递，出现能量损失，对于专项成绩极为不利。因此，需要为运动员制订有针对性的矫正练习计划。

（四）功能性训练计划内容及具体动作

通过对功能性动作筛查测试结果的分析，针对两名重点女子铁饼运动员普遍存在的运动弱链，分别设计了动态拉伸、灵活稳定性以及稳定性力量三套矫正性练习计划，并将该计划安排在每次体能和场地专项训练课前的热身活动中，为期6周，共36次。动态拉伸一共10个标准动作，每个动作做两组，每组单侧完成10次；灵活稳定性练习一共10个标准动作，每个动作做两组，每组单侧完成5次；稳定性力量练习一共10个标准动作，每个动作做4组，每组单侧完成8次，其他训练保持不变。具体的练习动作如表3、表4和表5所示。

表3　动态拉伸练习计划

单腿抱膝	单腿斜抱膝
脚后跟抵臀–手臂上伸	燕式平衡
后交叉弓步	侧弓步
向后弓步+旋转	相扑式拉伸
最大拉伸	四肢走

表4　灵活性练习计划

90度牵拉——手臂摆动	站姿——胸椎旋转
跪姿——胸椎旋转	跪撑——胸部伸展
仰卧——髋外展	侧卧——屈髋肌群拉伸
半跪姿——屈髋肌群拉伸	仰卧——腘绳肌拉伸
直腿——小腿拉伸	屈膝——小腿拉伸

表5　稳定性练习计划

平板支撑（静态）	平板支撑（动态）
弹力带——肩部小肌群	哑铃——肩部小肌群
弹力带——稳定性下砍	弹力带——稳定性推举
悬挂训练带——稳定性练习	哑铃——稳定性练习
壶铃——稳定性下蹲	杠铃——稳定性下蹲

8周的矫正性练习后的测试结果显示，两名重点运动员通过功能性训练后，其功能性动作筛查分数都得到提高。其中，前后分腿蹲、跨栏步以及深蹲三个测试动作的得分变化较大，反映出运动员的髋关节稳定性有所提高，尤其是单侧支撑时髋关节的稳定性，这对铁饼专项技术的提高具有非常重要的意义。

三、结论

（1）在功能性训练视角下进行功能性动作筛查测试，在测试时，要求受试者尽量最大幅度地完成动作，如果受试者出现动作不稳定或者不协调的现象，就可以根据评分细则判断其动作模式的薄弱环节。

（2）功能性训练主要采用多元素、多因素形成的整体性结构分析，从而找出问题，进一步提高铁饼运动员的身体运动功能及运动表现。

（3）功能性训练能够有效地发展身体各个环节的小肌群和韧带力量，在保证关节正常活动范围的同时，还能辅助大肌群完成更强的工作，对运动损伤有预防作用。

参考文献

［1］王雄，刘爱杰．身体功能训练团队的实践探索及发展反思［J］．体育科学，2014，34（2）：79-86．

［2］史衍．功能性动作筛查（FMS）在青少年体能训练中的应用研究［J］．青少年体育，2013（3）：57-59．

［3］朱泉池，阿英嘎．"功能性训练"在中学体育教学中的可行性研究［J］．当代体育科技，2014（29）：18-19．

［4］邓云龙．正确认识和把握功能训练需借鉴临床思维方法［J］．中国体育教练员，2010，18（1）：27-28．

体育竞技项目跨界跨项选材
的意义和策略研究

上海体育学院　　王德新

摘要： 随着北京获得2022年第24届冬季奥林匹克运动会举办权和国际奥委会对东京奥运会新增比赛项目的调整，挑选精兵参加奥运会成为我国体育工作的头等大事。为积极备战东京奥运会和北京冬奥会，我国做出跨界跨项选材的重大决定，这是我国借鉴欧美经验，提高运动员选材成功率和训练有效性的大胆尝试。这一体育改革举措意义何在？体育竞技项目跨界跨项选材应采取怎样的策略？本文从宣传发动、成立选材组织机构、严格科学选材等方面进行论述，以期为跨界跨项选材提供理论参考。

关键词： 体育；竞技项目；跨界跨项；意义；策略

2015年7月31日，北京赢得2022年冬奥会主办权。2016年8月3日，国际奥委会通过在东京奥运会上增加五个项目的提案，新增加的棒垒球、攀岩、空手道、冲浪、滑板五个项目的金牌总数达到18枚。为贯彻落实习近平总书记关于体育工作系列重要讲话精神，针对我国奥运新增项目和冬季项目基础薄弱、人才缺少的现状，国家体育总局先后出台了一系列跨界跨项选材的新举措。在全国乃至全球视野下，坚守严格标准，发掘一批在冬季项目有潜力、有优势、有天赋的奥运新增项目人才，力求我国在东京奥运会、北京冬奥会两个赛事上再创佳绩。

一、跨界跨项选材的背景和意义

"科学选材"这一概念被提出后，西方国家在效仿学习中，他们对运动员尝试的"二次选材"，与时下我国体育界进行的跨界跨项选材基本吻合。跨界跨项选拔体育竞技人才，是我国基于东京奥运会和北京冬奥会推出的重大体育决策。它既是符合体育人才成长规律和奥运备战规律的举措，又是超常规储备和培养体育人才的重要举措。进入21世纪，尽管我国以不容置疑的实力步入体育大国之列，但始终没有扭转奥运会项目"夏强冬弱"不平衡的发展格局。攀岩、冲浪、滑板、小轮车项目引入我国仅20年左右，项目参与人数决定了项目的普及度，发展基础影响了运动员训练竞赛水平和争金夺银的实力。跨界跨项选拔人才，既是体育战线深化改革的一项重要举措，又是竞技体育备战奥运的一种崭新模式。在这一背景下，我国必须打破以往的选材模式，发挥"举国体制"优势，立足国内、面向国外，不拘一格地大面积跨界跨项选材。把有基础、有天赋、体能优良、技能超强、心理素质过硬的体育竞技人才充实到奥运备战队伍中来，开创职业体育同专业体育和业余体育融为一体、体育资源共建共享的新格局，这是深化体育改革、繁荣体育事业的有力尝试，也对迎战奥运会、培养一大批为国争光的优秀体育人才具有重大现实意义。

二、跨界跨项选材的概念及特征

所谓跨界跨项选材，是指在运动项目技术互通、特征相近、属性关联的竞技运动项群内选拔培养运动人才。在国内，两次在单板滑雪世界杯上夺得单板U型槽冠军的刘佳宇是由武术运动员转行；从技巧运动员跨界训练滑雪项目的韩晓鹏，靠"十年磨一剑"的硬功，在都灵冬奥会上技压群雄，实现了我国冬奥会金牌"零的突破"。资料表明，我国攀岩、冲浪、滑板、小轮车这几个奥运项目实施国内外跨界跨项选材以来，有近90%的人选来自武术界，很多运动员的专项竞技潜能得到充分挖掘。跨界跨项选材在国外同样盛行，2016年10月11日，英国出台"探索你的金牌"计划，即英国体育界选材计划。面对我国短板的冰雪项目以及东京奥运会新增项目，我国作为体育大国，自然要进军这些项目实现金牌"零的突破"。时间紧迫，上述项目专业运动员紧缺，倘若再从零做起，沿袭过去逐级选拔的模式，时间不足。为缩短竞技体育人才培养周期，我国做出打破国际、地域、行业等限制，面向国内外选拔人才的跨界跨项选材举措，既是为奥运会挖掘遴选培养人才的必由之路，也是补齐短板、壮大参赛队伍的得力之举。

三、跨界跨项发掘体育竞技人才的策略

（一）自上而下进行层层宣传

奥运会是举世瞩目、最高级别的体育盛事，无论是主办国还是组织参赛国家，其获得的奖牌战绩不仅代表着自身的体育实力和综合国力，更彰显着一个国家丰富灿烂的历史文化底蕴。我国要在东京奥运会、北京冬奥会上创造辉煌，关键是要补齐参赛项目的短板，而这个短板就是缺乏以冬奥会冰雪项目、东京奥运会新增项目为代表的体育人才。跨界跨项选材，就是要集举国之力，在全国、全球华人中精益求精进行遴选。工作未动，舆论先行。跨界跨项选材首先要搞好宣传工作。2017年3月，国家体育总局的全国冬季项目备战2022年冬奥会跨界跨项选材工作全面展开。2017年8月8日，我国面向国内外跨界跨项发掘攀岩、冲浪、滑板、小轮车四个奥运项目的人才。2017年8月15日，国家体育总局"跨界跨项选材"研讨会在北京召开。2017年11月至12月，中国田径协会打破国籍界限面向全球进行田径人才选拔。宣传是调动全民参与的舆论手段，提高认识、统一思想是宣传工作的重点。要充分认识到跨界跨项选材工作的重要性、必要性和紧迫性，认识到跨界跨项选材是人才快速成长的捷径，是中国奥林匹克运动和全民健身运动的战略举措。2017年以来，我国通过宣传引导，各级报刊、电台、电视台和新媒体进行全方位、全覆盖的宣传报道，全国上下形成持久的强大宣传阵势，充分调动海内外各方力量，唤起成千上万体育特长者的踊跃报名。

（二）上下一体成立选材组织机构

"一马之奔，无一毛而不动。"从国家体育总局，到各省、市、区体育局，跨界跨项选材被列入"一把手"工程，将责任、任务明确到负责领导和主抓部门，落实到具体的责任人，跨界跨项选材成为当务之急。从全国及世界范围内选拔备战奥运人才，离不开严密、坚强、有力的选材组织。国家成立了四个奥运会项目跨界跨项选拔人才领导小组，相关部门建立工作机制，从政策、机制、训练、竞赛等多个方面加强保障。针对跨界跨项选材特点，各省、市、区按照冬奥会项目和东京奥运会新增项目选材标准，面向全国，又瞄准重点省份和重点行业进行入围初选，经过集训后再参加全国公开复选。2017年3月18日至19日，来自全国20个省、市、区的田径、自行车、赛艇、武术、摔跤、散打等12个夏季项目两个冬季项目的191名运动员参加了越野滑雪、滑轮运动的跨界跨项选材测试。在夏季项目选材中，北京体育大学与中国极限运动、中国杂技、中国武术3个协会联合成立滑板、小轮车跨界跨项选材工作团队和选材技术专家团队，对项目技术特征和体能特点进行全面、深度地解析，据此制定出海选、专业集训阶段的选材测评体系。

（三）明确选材目标，严格科学选材

在选材工作中，从国家体育总局的各项目运动管理中心、各相关运动项目协会，到各省、市、区体育局，逐级落实责任，严格执行选材标准，严把入选关口，规范操作流程，对照奥运会比赛项目，根据运动项目技术特征及体能特点，借鉴欧美先进选材手段，引用国际通用的选材规则，制订针对性、目标性强的选材标准和实施方案。各省、市、区要成立测试工作筹备组和专家指导组，从入围者的身体形态、身体素质、身体机能到心理素质等，反复进行择优遴选。把那些身体素质优良、身体机能优质、具有一定运动天赋的优秀竞技专项人才选拔到备战奥运的队伍中来，以选材的公平、公开、公正保证选拔质量。各级体育部门要坚持重点省份、重点地区与全国大范围相结合和职业体育与专业体育、业余体育相结合的原则，遵循奥运项目发展的规律，突出项目特点，突出科学选材。在选拔步骤上，先由省、市、区进行入围、初试、集训后，再参加全国统一复试，最后进入国家初试入围，根据集训效果最终确定进入国家集训队的人员。在四个奥运项目选材中，国家成立四个专家组，运用科技手段，对运动员进行体能、心理及文化和综合素养测试。为实现冬奥会全面参赛目标，我国于2017年3月启动冬奥项目跨界跨项选材，先后从11个城市进行测试遴选，最终选定338人转项进入冬季项目运动队，成为备战冬奥的坚强生力军。国家滑板队采取政府支持、社会参与的方式，充分调动企业、俱乐部的积极性，在南京、深圳组建了滑板集训队。经过多方积极不懈的努力，我国现已组建了雪车、雪橇、钢架雪车、单板滑雪大跳台和坡面技巧、双板滑雪U型场地、跳台滑雪等新开展冬奥项目的国家队。

（四）不拘一格创新培训方式

我国对逐级选拔进入国家队的运动员实行统一集训。一是进行集中培训。例如，在攀岩、冲浪、滑板、小轮车项目的选材中，全国共有7671人报名，经过初选，有1500名选手入围。按照籍贯属地原则，将这些入围运动员分配到全国各省市区28支极限运动国家集训队进行集训。集训期间，定期对参训人员的体能、技能、专项素质进行测试，年底复试合格后，再进入北京体育大学进行集中长期集训。二是创新训练模式。在开展常规训练的同时，运用"互联网+"、大数据等科技手段帮助其完成训练。例如，很多高校采用传感器等设备监控训练过程，通过监控记录的数据分析训练成绩，使训练更加具备科学性和针对性。三是丰富训练内容。突出体能训练这个重点，以体能支撑技术。在训练强度上，有高水平的国际级教练参与，他们按照国际标准研讨制订训练计划，确定队员每一天的训练强度与目标。新组建的6支滑板国家集训队，在分片区训练备战2017年世界全项目轮滑锦标赛的同时，启动海外集训计划，借助国际高水平专家及国际、国内赛事平台，使运动员接受与国际接轨的高水平、超常规的训练。四是提供训练保障。国家体育总局，各省、市、区体育局以及各协管部门，为选材、训练提供足额资金保障。各项目中心、项目协会以及各大高校、专业体校、业余学校选挑训练场地，建设一批高标准、高质量的训练设施。五是实行赛训结合。组织形式多样的职业联赛、极限运动会等，积极参加国际比赛，锻炼提升入选运动员水平。同时，从待遇、奖励、继续教育等方面，利用体制内优势和体制外资源，为运动员的后续发展及退役后择业提供保障，为入选队员免除后顾之忧。

四、结论

（1）构建顶尖级长效培训模式。以前瞻的眼光，构建顶尖化、长效化、国际化的新型体育竞技人才培训模式。坚持常规训练与超常规训练相结合、"走出去"与"请进来"相结合，积极探索与国际、社团、企业合作共建新路子，以此推动我国冰雪等弱势项目的快速发展。

（2）跨界跨项选材必须突出科学选材标准，遵循竞技体育的普遍规律和奥运备战周期的特殊规律，树立全国"一盘棋"意识，从政策导向上建立人才统一配置机制，发挥利用好衡量地方体育绩效的评价杠杆与奖惩措施。

（3）跨界跨项选材，必须在国家统一部署下，分步实施，梯次推进，宁缺毋滥，将严格、科学选材测评体系贯穿于工作全程，切忌搞"一阵风、一窝蜂"式的劳民伤财之举。

参考文献

［1］张忠秋. 跨界，跨项选拔高水平运动员要重"体"更要重"心"［J］. 中国体育教练员，2017，25（3）：12-13.

［2］朱立斌，刘丽辉. 北京冬奥会对我国冰雪体育运动的影响［J］. 冰雪运动，2016，38（5）：19-22.

［3］马毅，吕晶红. 我国备战2022年冬奥会重点项目后备人才培养问题探究［J］. 体育科学，2016，36（4）：5-12.

［4］王诚民，郭晗，姜雨. 申办冬奥会对我国冰雪运动发展的影响［J］. 体育文化导刊，2014（11）：53-56.

健康中国实施的意义及措施研究

广西壮族自治区体育科学研究所 杨小英

摘要：在实现"两个一百年"小康奋斗目标进程中，健康中国被列入"十三五"规划，《"健康中国2030"规划纲要》（以下简称为《纲要》）将人民大众健康放在我国社会主义事业优先发展的战略地位，其重要性和重大现实意义不言而喻。本文阐述了健康中国的实施意义，通过对实施措施的分析研究，提出了健康中国建设的可行措施。

关键词：健康中国；实施；意义；措施研究

在党的十八届五中全会上，健康中国上升为国家战略，《纲要》成为今后15年推进健康中国建设的行动纲领。改革开放以来，随着经济社会的飞速发展，我国医疗卫生健康领域同样发生了前所未有的变化，大众对饮食的要求已经从温饱转移到讲营养、求质量、保健康。在我国全面迈向小康社会进程中，面对疾病治疗、健康保障、人口老化、生态环境等制约大众健康的诸多问题，《纲要》对医药卫生体制、医疗卫生、食品药品等领域进行的深度改革，无疑是对解决大众健康问题的顶层设计和定位。没有全民健康，就没有全面小康。这项关系到每个人的宏大工程，以为国民提供均等化的基本医疗卫生服务为基础，以提高大众健康水平为核心，以共建共享为建设路径，以健康文明的生活方式、优良安全的生活环境、健康配套的产业、与大众现实需求接轨的健康服务体系为建设重点，各职能部门共同发力，社会各界人士广泛参与，从基层最突出、大众最期盼的健康问题发力，最终实现全民健康"三步走"的目标。

一、健康中国之于国民大众的现实意义

健康是一个自然人躯体、心理、精神以及社会人际交往优良状态的总和。健康不仅是指一个人身体上的"无病",还要在心理上保持最佳的状态。民间流传着这样的说法,"一个人的健康是'1',而名利、家庭、地位、感情等是'1'后面的'0',倘若'1'没了,那么一切都将不复存在。"由此可见,健康对一个人而言,永远是第一位的,它是一个人最大的财富。

(一)健康中国是时代赋予中国的发展命题

追求健康幸福不仅是一人、一家、一国共同的目标,还是时代赋予中国的发展命题,是实现中华民族伟大复兴中国梦不可或缺的健康基础。在任何国家,代表生命健康的幸福指数都是国民及其政府追求的头等大事。回顾我国有关健康中国的话题,从党的十七大"健康是人全面发展的基础,关系千家万户幸福"发展命题提出,到党的十八大将关注健康问题写入报告,再到将其升级为国家战略,直到形成《纲要》。党的十九大指出,人民日益增长的美好生活需要和不平衡不充分的发展之间的矛盾已成为新时代我国社会的主要矛盾。其中,人民对健康的需求,以及城乡之间、沿海开放省份同"老少边穷"地区的健康卫生发展同样存在较大的不平衡。近年来,大众的健康意识不断提高,他们对当今卫生、环保、食药、大众健身等存在着新期待、新向往、新要求,这些领域还有若干重大亟须完成的硬任务,特别是全民健康建设方面存在着亟待完善和改进的系列问题。

(二)健康中国是提升大众幸福生活指数的载体

幸福指数是人们对生活满意程度的数字考量,是通过对生活内容价值标准衡量得出的评价,它是体现社会发展的重要指标,因此成为评价政府执政能力和决策大政方针的重要依据。幸福指数的概念包括大众的社会就业、人均收入、居住环境、生活质量以及体现社会和谐程度的个人心态、情感、精神等。其中,生活质量所涉及的衣食住行、医疗卫生、公共健康保障,与当前实施的健康中国内容完全吻合,它是国家政府决策和计划发展的结果,体现着大众的主观感受，代表着客观的条件指标。21世纪温饱不再成为城乡大众的主要生活矛盾，伴随着经济收入的提升，科技文化不断繁荣发展，大众生活水平逐步提高，以人为本的生命个体意识不断凸显，特别是健康的生存环境、健康的食品药品、配套的医疗卫生服务、重大疾病防治与救治等，已成为大家关心和广泛议论的话题。健康中国是一项长期而艰巨的社会综合系统工程，包含的内容广泛，如政府健康服务能力的提升、环境污染与大气治理和全面健身活动的推进等，涉及诸多行业的方方面面，需要政府各职能部门通力协作推进健康中国建设。唯此，才能构建起共创、共建的全民健康运行机制。

（三）健康中国是医疗卫生事业大发展的推进器

改革开放以来，我国的医疗卫生事业与经济同步发展。截至2016年，我国人均预期寿命从1981年的67.9岁提高到76.5岁；孕产妇死亡率从1990年的0.8809‰下降到0.199‰；婴儿死亡率从1981年的34.7‰下降到7.5‰。我国的主要健康指标已经达到发展中国家的较高水平。"十三五"期间，影响我国医疗卫生事业发展的问题：宏观经济财政收入的增幅放缓影响资金的保障基础；疾病预防控制体系不健全；城镇化规模膨胀未能提供及时的公共卫生保障服务跟进；人口老龄化加大健康服务缺口；城乡之间、经济发达地区与欠发达地区的卫生资源不均衡等。这些制约因素向政府公众服务提出严峻挑战。健康中国战略的实施，为解决影响大众健康的难题提供了难得的契机，无疑成为医疗卫生事业大发展的"推进器"。在健康中国建设进程中，各职能部门应以大众健康的需求为导向，建立新型的卫生防疫体系和医疗保障机制，创新满足大众需求的健康服务体系，将健康指标量化、细化，融入到政策和经济社会发展的决策制定中，缩短卫生服务体系、医疗保障体系同大众需求的差距，让大众在优质到位的医疗、卫生健康服务中有获得感和幸福感，最终实现改善大众健康的目标。

二、实施健康中国建设的具体措施

健康中国是看得见、摸得着、群众能直接感受得到的民生工程，其核心是让大众享受到医疗卫生改革带来的福祉。实现健康中国目标，要从改善个人的生活行为方式、优化生产生活环境和医疗卫生服务三个层面入手，在普及健康生活、优化健康服务、完善健康保障、建设健康环境、发展健康产业五个领域取得全面的突破。

（一）健康中国"三步走"的指标解读

建设健康中国，首先要明确健康中国"三步走"的各阶段任务。我国是发展中国家中率先制定健康战略的国家，并根据本国国情，提出了健康中国建设的中期、长期和远期目标。《纲要》以"共建共享、全民健康"为战略主题，清晰地提出了以人民健康为目标的"三步走"战略目标。第一步，到2020年，实施推动卫生事业发展的八项政策措施，以建立全覆盖医疗卫生制度、完善健康服务体系为重点，以提高大众寿命为核心，确保人人享受到基本的医疗卫生和体育健身服务。食品、药品安全监管水平和城乡居民的健康素养、健康指标不断提高，人均寿命达到77.6岁，个人卫生支出与健康总费用的占比下降到28%左右。第二步，到2030年，大众主要健康指标步入高水平收入国家行列，以普及化的健康生活方式，优质健康服务和大健康体系，实现人均寿命达到79岁的目标。据预测，届时，我国人均预期寿命将提高到美国预期寿命80岁的98.8%。第三步，到2050年，我国人均寿命将突破80岁，大众健康指标位居世界前列，健康中国全面建成。

（二）全面深化当前医疗卫生体制改革

医疗卫生体制是健康中国建设中的重中之重。当前，我国在医疗体制方面存在诸多弊端。主要表现：医疗服务有失公平，医疗资源分配失衡，公共卫生体系不健全，医疗服务体系不能满足大众就医需求，看病难、药价高一直是大众健康的困扰问题，医疗卫生管理体制亟待完善。大众对深化医药卫生体制改革的呼声甚高，期望甚为迫切。如何解决大众关注的这些热点、难点、焦点问题，关键在于制度建设和体系改进。党的十九大报告有针对性地提出"三个制度一个体系"，即全面建立中国特色基本医疗卫生制度、医疗保障制度、健全现代医院管理制度和优质高效的医疗卫生服务体系。建立中国特色的基本医药卫生制度，要加快建立分级诊疗制度，构建适应大众健康需要的医疗卫生服务体系。按照《关于建立现代医院管理制度的指导意见》创新医院管理制度、人事薪酬制度，健全全民医保制度，全面取消以药养医，突出公立医院的公益性，理顺城乡居民基本医保制度和大病保险制度，借鉴先进国家经验，改革药品供应渠道，强化内外监管力度，建立集中、专业、高效相结合的监管体系。推行医疗服务与诊疗资源双双下沉，解决好基层医疗卫生服务体系"缺岗少人""有位无人"现象，公共卫生和疾病预防控制要与地方群众健康需求相适应，把相关政策执行到位，把群众需要服务到位。

（三）完善大众健康政策要突出基层特点

基层是健康中国建设的主阵地，也是医疗卫生深化改革的重点，完善国民健康政策，同样要抓住并突出这个重点。全方位全周期健康服务是引起社会关注度的热门名词，它覆盖了每个人生命历程的全周期，囊括了预防、急病、慢病、康复、养老等健康服务。实现这一目标，一是政府要有足够的资金投入，有力度、有效果地落实措施。二是要有完备的基层医疗卫生服务体系。三是组建一支全科医生队伍，尤其是医疗卫生资源要均衡下沉，基层、社区、疾控、医院、护理等各类机构，都要培养一批高素质的医生队伍，这是保证全方位全周期健康服务的关键。要解决好新常态下基层医疗卫生服务单位的结构性矛盾，发展全科预防、医疗、诊治、康复、护理等服务。同时，政府要调整完善系列大众健身政策，利用政策的杠杆推动大众健身运动的普及。

（四）以全民健康理念推动全民健身

研究资料表明，在影响健康的所有因素中，医疗占比不到10%，遗传和环境因素各占15%，而生活方式则占60%。由此可见，决定人民健康及寿龄的，绝大部分来自其日常的生活习惯和方式。要实现健康中国目标，一是树立大众健康理念，建立健康时尚的生活行为习惯。引导大众革除旧有的不良就医、饮食习惯以及食品安全意识，开展健康促进与健康教育工作，让大众在健康、文明、多彩的日常生活中享有健康。二是推广全民健身运动，推动全民健身与全民健康深度融合。全民健身运动是健康中国服务体系的构成要素，是建构健康中国的重要路径之一。2015年，我国有3.6亿人常年坚持体育锻炼，2030年将增加到5.3亿人。实施健康中国战略，我们既要有宏观立法的举措，又要有创新的、符合国情的多元大众体育管理体制以及公共体育服务设施机制。要根据民族、民俗、地域特点，建设全民健身公共设施，开展常规项目、传统项目与特色项目相结合，把体育公园、多功能运动场所建设与普及科学健身方式方法放在同等重要的位置，使不同人群能就近选择健身项目，实现全民健身生活化。

三、实施健康中国贵在措施创新

2017年12月2日，第二届健康中国高峰论坛在杭州市举行，会上通过了《全民健康行动杭州宣言》。论坛倡议开展包括健康管控、科学健身等在内的十大全民健康行动。来自国内外健康领域的各界人士、知名企业代表共1500余人会聚一堂，共商全民健康大计、共推健康产业发展。该论坛是对健康中国的发声，更是对实施健康中国建设创新举措的理论探讨。

健康中国是我国实现国家富强、民族振兴、人民幸福"中国梦"的伟大工程，我们要举全国之力办好这项事关每个人的大事。各职能部门要吃透《纲要》精髓，从严抓好落实，既要按照统一部署分步实施，又要突出职能锐意创新。特别是卫生、体育、环保、食品、药品等部门，将会遇到很多新情况、新难题，在职能定位上，要实现从行业管理向社会管理、公共事务管理上转变，千方百计抓好配套措施的制定与落实，创新灵活多样健康服务体系。各级各部门要规避照搬照抄的"拿来主义"现象，既禁止急于求成、一哄而上，又反对重复建设、劳民伤财。要始终突出科学、创新、实效的主旨，扎实稳步地推进实施。医疗改革是世界性难题，在健康中国建设中，医疗卫生部门任务巨大，面对重重难题，需要中央和地方联合发力，必须迎难而上，破解健康中国建设中的梗阻和弊端，以人民大众健康为中心，以体制改革撬动全盘，以部门协同凝心聚力，以健康产业带动创新，全力当好健康中国建设的"排头兵"。

四、结论

健康中国建设依赖依法行政，只有在法律体系的支撑下，才能建立医疗保障与服务统筹于一体的医疗卫生管理体制。体制的革新决定着发展模式的转变，要坚持服务围着大众转，将服务重点从疾病诊治转变到预防为主、防治结合上来。在保证财政投入的前提下，降低大众个人卫生支出比例，逐步实现城乡居民医疗保险制度的统一。

参考文献

[1] 时统君．"健康中国"建设的时代意义［J］．产业与科技论坛，2017，16（14）：13-14．

[2] 王志文，沈克印．美国民生体育的特点以及对我国的启示［J］．体育科技文献通报，2017，25（8）：3-5．

[3] 詹洪春，刘志学．李斌："四个全面"战略布局推进"健康中国"建设［J］．中国医药导报，2016，13（8）：1-2．

我国排球跨界跨项选材关键问题研究

天津市体育局　张　欣

摘要： 本研究从跨界跨项的视角出发，运用文献资料、专家访谈、特尔菲法、层次分析等研究方法，对排球项目跨界跨项选材的项目、年龄及测试指标等进行了分析，得出以下主要结论：排球跨界跨项选材是一项有目的、有计划的"选育结合"活动，当前适宜从篮球项目和田径项目进行排球项目选材；被选的男运动员一般不超过15岁、女运动员一般不超过13岁；选材的关键指标为身高、跟腱长、学习能力、运用能力、助跑摸高、半"米"字移动及快速决策能力。

关键词： 排球；跨界跨项；选材

竞技体育的发展经验告诉我们，一个项目的长盛不衰需要科学的后备人才培养体系作为支撑，而作为这个体系的第一个环节——"后备人才的选拔"一直备受关注。近年来，英国、澳大利亚通过在全国范围进行跨界跨项选材，使该国在冬季两项、赛艇、皮划艇为代表的一些奥运会弱势项目上迅速崛起。我国通过跨界跨项选材，把有游泳运动经历的运动员选拔到皮划艇、赛艇项目运动队中，并进行针对性的训练，培养出了一批以孟关良为代表的一批优秀运动员，实现了我国皮划艇项目在奥运会上金牌"零的突破"。国外研究显示，低龄化训练并不一定能对运动员日后的表现产生良性刺激，而跨项目的运动经历才是造就精英运动员的"助推器"。我国学者研究认为，在科学认识项目特征和制胜规律的前提下，进行系统的、有目的的跨界跨项选材，有助于选拔出具有优秀竞技潜力和转项成才潜质的项目后备人才，经过科学系统的训练和培养可以使这类后备人才在更短的时间内达到该项目世界优秀运动员的水平。

我国女子排球在20世纪曾取得过辉煌的五连冠，在2005—2013年间经历了低谷，直到朱婷、张常宁为代表的一代年轻运动员的崛起才使得我国女子排球重回奥运金牌榜。我国男子排球也曾经位居世界前列，如今也在学习女排的成功经验，努力培养后备人才，力争再度崛起。因此，本研究从跨界跨项的视角出发，在辨析排球跨界跨项选材目的和概念的基础上，对于适宜排球跨界跨项选材的项目、年龄、测试指标及内容进行研究和分析，为排球项目进行跨界跨项选材提供理论和实践参考。

一、研究对象

排球跨界跨项选材的关键问题。

二、研究方法

（一）文献资料法

通过检索网络数据库和查阅美国佐治亚州州立大学图书馆，共查阅相关文献资料20余篇，经过归纳整理，为本研究奠定了研究基础。

（二）专家访谈法

在文献研究的基础上，围绕排球跨界跨项选材的概念、目的、适宜项目、适宜年龄或训练基础、关键测试指标、排球项目的竞技能力特点和需求等内容，对国内外20名专家进行了访谈。

（三）特尔菲法

在前期文献研究和专家访谈的基础上，确定排球跨界跨项选材的初选指标，对20名国内外排球领域教练员、管理者和专家进行了问卷调查，专家意见在经过了三轮问卷和指标筛选后基本达成一致，从而确定最终指标。

（四）层次分析法

采用层次分析法计算排球跨界跨项选材的指标，并分析指标的权重值和相对重要程度，最终确定了各个级别指标重要程度的比例。

（五）逻辑分析法

在描述基础上进行逻辑分析或推断，通过比较与分类、归纳与演绎、分析与综合，对所获资料进行了定性分析。

三、研究结果

（一）跨界跨项选材的概念辨析

通过研究文献资料，我们发现与跨界跨项选材有关的概念主要包括：跨界跨项、Talent Transfer、转项、二次择项、转项成才现象。结合文献资料和专家访谈的结果，本研究认为："跨界跨项"顾名思义就是跨越原有的界限（地域）和项目的限制，从而实现"打破项目壁垒，整合资源"的目的。"Talent Transfer"（TT）的字面意思是"天赋的转移"，其含义是使运动员在一个项目上的天赋和竞技能力发挥在另一个项目上并且获得成功。国外研究认为，跨界跨项选材与传统选材的区别是用专门的资金、训练团队和个性化的训练帮助有训练基础的运动员在新的项目上迅速提高水平，因此也称为"成熟运动员的选材和天赋再利用"。"转项"是指运动员从事某项竞技体育运动在专业队训练一年以上或在业余队训练两年以后，又转入另一运动项目训练和比赛（时限同前）的情况，是选材过程中选育结合的一种具体的体现。"跨界跨项二次选材"是英国在运动员选材上的一个重要创新，英国的选材突破了传统意义上的选材概念和范围，并不是从原始材料筛选，而是对已经具有较好训练基础的运动员进行"二次择项"。"跨项二次选材"是在首次选材的基础上，以项目、能力、身体条件等要素为标准，对已经有训练基础，甚至已到达相当水平的运动员进行选材，使其在相对短的时间内快速达到高水平。"运动员转项成才现象"是指运动员在多年训练过程中改变原来选定的运动项目，并在新转改的运动项目上取得优异运动成绩的现象。

通过专家访谈，可以进一步认识到跨界跨项选材具备以下几个特征：第一，不是所有的项目都适合跨界跨项选材，只有当新项目所需的关键竞技能力等于或低于原项目时才更有可能实现转项成才。例如，体操向跳水转项更易成才，反之则较难取得成功；第二，跨界跨项选材是一个选育结合的动态过程，需要通过"筛选、训练、再筛选、再训练"的过程去认识、发现和确定有天赋的运动员；第三，体现"特殊人才、特殊对待"，用最好的教练员、最好的资源对其进行培养。例如，国外对赛艇运动员实施教练员与运动员"一对一"培养，从而使其成才，乃至快速成才。

结合文献研究和专家访谈的结果，本研究认为：排球跨界跨项选材是一项有目的、有计划的选育结合活动，它是在科学认识本项目的特点、制胜规律和运动员转项成才现象的基础上，从与排球具有相似竞技能力要求的项目中，选拔出具有较好天赋和竞技能力基础的运动员作为重点培养对象，然后集中优势资源进行针对性培养，将其在原项目获得的竞技能力用到排球项目中并在相对短的时间内达到较高水平。

（二）适宜排球跨界跨项选材的项目

目前，国内外还没有学者专门研究排球项目的跨界跨项选材。研究转项成才的文献通常认为：应该从运动素质、技战术及训练方法相似的项目中选拔运动员，使一些运动人才的竞技潜力既能适应某一项目，又能适应另一项目。例如，篮球对身高条件和运动素质的要求与排球相似，其跳高对弹跳能力的训练和要求与排球相似；网球和羽毛球对挥臂技术的动作结构和对上肢爆发力的要求与排球相似；田径对运动员身体形态和素质的要求与排球相似。

本研究通过文献研究和专家访谈，总结了我国部分排球运动员转项成才的案例（表1）。可以看出，所有运动员都在相对较小的年龄（14岁以前）进行过某一项目的基础训练。此外，这些运动员在接受排球训练之前所参与训练的项目与排球具有一个或多个相同或相似的竞技能力需求：第一，对灵敏和协调素质有较高要求。灵敏和协调素质对这些项目的技术运用效果具有重要影响。例如，游泳技术的发挥依靠全身的协调能力，篮球和乒乓球技术的发挥依靠灵敏的反应和快速移动能力。第二，对力量素质，特别是对下肢力量及爆发力有较高要求。力量素质对这些项目的技术运用效果具有重要影响。例如，篮球和标枪的技术发挥十分依赖力量素质。第三，对身体形态，特别是身高有一定要求。良好的身体形态对运动员在该项目的发展起重要作用。例如，身高高，臂展长对于游泳、篮球和乒乓球项目的运动员来说都是极大的先天优势，或者说，这些项目的初次选材都强调身高高或未来能长高的潜力大。第四，对心理能力有较高要求。心理能力（心理的稳定性、灵活的应变能力）对这些项目的技战术发挥十分重要。例如游泳比赛需要运动员控制好动作节奏才能游得更快，这更需要稳定的心理素质；而在比分焦灼的关键时刻，篮球和乒乓球作为以得分来评定输赢的项目需要运动员正常发挥出技术，甚至出奇制胜，这更需要稳定的心理和应变能力。以上特征也符合现代竞技排球的技战术特征，即全面、高度、速度、变化、力量。

表1　我国部分优秀排球运动员转项成才情况一览表

姓名	性别	原项目	转项年龄	场上位置	成才经历
王一梅	女	游泳	12岁	主攻	7岁进入大连体校，被游泳教练看中，训练了4年游泳。随着个子越长越高，王一梅12岁改打排球，经过系统的训练成为著名的主攻手，多次代表国家队参加世界比赛并获得佳绩。
诸韵颖	女	篮球	13岁	二传	7岁进入体校练习篮球，13岁改打排球，18岁参加亚特兰大奥运会并获得银牌。
李　春	男	乒乓球	—	二传	9岁之前一直在体校练习乒乓球，后来由于个子高改打排球，19岁入选国家队，代表国家参加比赛。
金志鸿	男	标枪	14岁	主攻	11岁时由于个子高、弹跳好、身体壮被破格招进浙江省湖州市体育学校练习标枪，14岁改练排球，6年后成长为一名男排联赛的"重炮手"。

注：根据百度百科和访谈获得的资料整理。

专家访谈一致认为篮球、跳高、跳远、羽毛球、田径这些短距离项目都是适宜排球跨界跨项选材的项目。通过访谈发现，我国排球教练员、管理人员、专家普遍认同以下几种观点：第一，具有对综合运动能力要求较高的项目（如篮球、田径）、对爆发力要求较高的项目（如跳高、跳远）以及对协调性和快速反应能力要求高的项目（如羽毛球、乒乓球）的基础训练经历的运动员，更容易在改练排球后实现转项成才。第二，排球选材的主要标准往往不是项目，而是运动员的身体条件（如身高和运动素质），田径作为对运动员身体条件有较高要求且国内开展最广泛的项目，已经为排球项目输送了许多优秀的后备人才，因此田径是适宜排球跨界跨项选材的项目。第三，由于美国职业篮球联赛（NBA）在中国有巨大影响力，以及上一个全运周期对"三大球"实施"多年龄组和金牌加倍"政策的作用，使大批身体条件好的男运动员都进入篮球训练领域，与此同时，向上一级训练系统输送的人员数量有限导致篮球项目的淘汰率也随其后备人才基数的增大而增高，更多的运动员不得不面临转项，因此可以重点从篮球项目进行男排运动员的跨界跨项选材。第四，由于我国北方部分地区的女运动员具有身高优势，因此可以从北方地区进行女排运动员的跨界跨项选材。

结合文献研究和专家访谈的结果，本研究认为，从与排球具有一个或多个相同或相似的竞技能力需求的项目选拔运动员可能会更容易实现转项成才。当前，可从篮球和田径项目中进行排球跨界跨项选材，重点从男篮选拔男排后备人才，从女性平均身高较高的地域选拔女排后备人才。

（三）适宜二次选材的运动员年龄和训练基础

国内转项成才的运动员转项时年龄在6~24岁，其中男子多集中在14~20岁，女子多集中在12~18岁，大多数转项成才的运动员转入其他项目的最迟年龄都在18~20岁，越是训练层次高的运动员，其转项效果越好（健将为91%，一级为84%，二级为72%）。而国外的跨界跨项选材是从全国选拔16~25岁，曾参加过地区级以上级别赛事的运动员。

专家访谈的结果，对于"适宜选拔男运动员的年龄"这个问题，65%的专家认为"不超过15岁"，从整体看，超过90%的专家认为被选男运动员的年龄应在15岁以下。对于"适宜选拔女运动员的年龄"这个问题，60%的专家认为"不超过13岁"，从整体看，超过90%的专家认为被选女运动员的年龄应在13岁以下。

访谈中的专家普遍认同以下几种观点：第一，排球跨界跨项选材要选拔身高高或长高潜力大、弹跳好、弹速快、动作协调、反应快、学习能力强（学习动作快、能灵活运用技战术）的运动员。第二，运动员最好具备一个或多个项目的训练经历，即具备一定的训练基础。第三，选拔的男运动员最好不超过15岁，女运动员最好不超过13岁。第四，当运动员具备长高潜力大、弹速快、学习能力强的运动天赋时，其年龄越小越好。第五，当运动员的天赋、条件特别突出时，年龄可向后放宽1~2岁（即男子17岁、女子15岁）。第六，运动员的运动等级越高往往说明其训练基础越好，同时也有一种特殊情况，即当一名运动员在上一个项目进行专项训练的时间较长（或在较小的年龄就取得了较好的专项成绩）时，反而不容易实现转项成才。排球教练员们在实践中发现，由于长期进行专项训练导致技术定型，很多已经具备较高水平的田径运动员在学习排球技术时总是表现出动作僵硬、不协调和改动作难等问题，即通过专项训练所获得的较高运动素质水平有时不能利用到排球技术中，因此不容易实现转项成才。

结合文献研究和专家访谈的结果，本研究认为，排球跨界跨项选材适宜选拔具有一个或多个项目训练经历，符合"身高高或长高潜力大、弹跳好、弹速快、动作协调、反应快、学习能力强"特征的运动员，男运动员不超过15岁，女运动员不超过13岁，个别身体条件和运动天赋特别突出的运动员可向后放宽1~2岁。

（四）适宜排球跨界跨项选材的测试指标及内容

我国排球项目选材通常包括形态类、机能类、素质类、心理类、智力类和位置特征类的测试指标及相应内容。排球项目跨界跨项选材要选拔出"身高高或长高潜力大、弹跳好、弹速快、动作协调、反应快、学习能力强"的运动员。因此，本研究通过特尔菲法和层次分析法，初步构建了排球跨界跨项选材的测试指标和内容。

1. 排球跨界跨项选材中关键指标的筛选

在文献研究和专家访谈的基础上确定排球项目跨界跨项选材的初选指标，邀请国内外排球领域教练员、管理者和专家组成的专家小组（20名）进行问卷调查，依据平均数和变异系数对指标进行筛选，平均数代表指标的重要程度，变异系数代表指标的分散程度，综合两个方面，筛选过程中剔除平均数小于3.5和变异系数大于0.2的指标，最终通过三轮问卷和筛选确定指标体系。

（1）第一轮问卷结果分析（表2）。专家对一级指标的认可集中度较高，平均数均大于3.5，变异系数均小于0.2，且P<0.05，具有统计学意义。专家一致认为这三个一级指标是跨界跨项选材关键指标的重要评价内容，因此，三个一级指标全部保留。同时在统计中发现，有超过半数专家建议在一级指标中增加运动智能指标，认为智能对于实现转项成才起着非常重要的作用。因此，在第二轮问卷中增加了运动智能指标。

表2　一级指标专家意见处理结果

一级指标	平均数	标准差	变异系数	P值	处理结果
身体形态	4.50	0.43	0.10	<0.05	保留
身体素质	3.75	0.32	0.09	<0.05	保留
心理能力	3.70	0.70	0.19	<0.05	保留

从二级指标问卷统计结果来看（表3），二级指标中"去脂体重""卧推"的平均数小于3.5，变异系数也大于0.2，说明专家对这两个指标的认可度不高，认为"去脂体重"和"卧推"可以作为初级选材的参照指标，但不适合作为跨界跨项选材的测试内容，因此删除。

表3 二级指标专家意见处理结果

一级指标	二级指标	平均数	标准差	变异系数	P值	处理结果
身体形态	身高	4.80	0.49	0.10	<0.05	保留
	指间距	3.78	0.70	0.19	<0.05	保留
	去脂体重	3.45	0.73	0.21	>0.05	删除
	手足间距	4.55	0.79	0.17	<0.05	保留
	髋宽	4.00	0.58	0.15	<0.05	保留
	跟腱长	4.32	0.72	0.17	<0.05	保留
身体素质	30米跑	3.95	0.71	0.18	<0.05	保留
	半"米"字移动	4.35	0.47	0.11	<0.05	保留
	立定跳远	4.00	0.68	0.17	<0.05	保留
	卧推	3.20	0.76	0.24	>0.05	删除
	跳绳双摇	3.80	0.55	0.14	<0.05	保留
	助跑摸高	4.70	0.74	0.16	<0.05	保留
心理能力	反应时	3.96	0.69	0.17	<0.05	保留
	快速决策力	4.23	0.53	0.13	<0.05	保留
	心理稳定	3.85	0.67	0.17	<0.05	保留

（2）第二轮问卷结果分析。根据第一轮问卷结果，在第二轮问卷中增加了"运动智能"作为一级指标，增加了"学习能力""运用能力"作为二级指标。调查结果表明，新增加的"运动智能"平均数达到3.68、变异系数达到0.15，说明专家意见较为统一，因此保留。作为二级指标，"学习能力"的平均数达到4.21、变异系数达到0.12，"运用能力"平均数达到3.87、变异系数达到0.18，这说明专家意见趋于一致且具有可靠的参考价值，因此全部保留。

（3）第三轮问卷结果分析。根据第二轮问卷结果制作新问卷并进行第3轮问卷调查，结果显示，所有指标的平均数均达到3.5以上，变异系数也均低于0.2，且P<0.05，具有统计学意义。说明各指标的重要程度较大、离散程度较小，因此确定最终的一级指标4项，二级指标15项的跨项跨界排球选材

指标体系。

2. 排球项目跨项跨界选材中关键指标权重的确定

使用层次分析法计算各层指标的组合权重，最后得到跨项跨界排球选材关键指标各级权重系数（表4）。

表4　我国排球项目跨项跨界选材中关键指标权重

一级指标	权　重	二级指标	权　重
身体形态	0.48	身高	0.34
		指间距	0.13
		手足间距	0.10
		髋宽	0.15
		跟腱长	0.28
身体素质	0.20	30米跑	0.15
		半"米"字移动	0.24
		立定跳远	0.18
		跳绳双摇	0.12
		助跑摸高	0.31
运动智能	0.19	学习能力	0.52
		运用能力	0.48
心理能力	0.13	反应时	0.32
		快速决策能力	0.47
		心理稳定	0.21

基于调查所确定的指标以及计算的权重，本研究认为排球项目跨界跨项选材的指标主要分为形态类、素质类、心理类和智力类，并且建议选材时重点参考以下测试内容：身高、跟腱长、学习能力、运用能力、助跑摸高、半"米"字移动、快速决策能力。

四、结论

（1）排球项目跨界跨项选材是一项有目的、有计划的选育结合活动，它是在科学认识本项目的特点、制胜规律和运动员转项成才现象的基础上，从与排球项目具有相似竞技能力要求的项目中，选拔出具有较好天赋和竞技能力基础的运动员作为重点培养对象，然后集中优势资源进行有针对性的培养，使其将原项目获得的竞技能力运用到排球项目中并且在相对短的时间内达到较高水平。

（2）从与排球项目具有一个或多个相同或相似的竞技能力需求的项目中选拔运动员更容易实现转项成才。当前适宜从篮球和田径进行排球项目跨界跨项选材，重点从男篮选拔男排后备人才，重点从女性平均身高较高的地域选拔女排后备人才。

（3）排球项目跨界跨项选材适宜选拔具有一个或多个项目训练经历，符合"身高高或长高潜力大、弹跳好、弹速快、动作协调、反应快、学习能力强"特征的运动员，男运动员不超过15岁，女运动员不超过13岁，个别身体条件和运动天赋特别突出的运动员可向后放宽1~2岁。

（4）排球项目跨界跨项选材的指标主要分为形态类、素质类、心理类和智力类，并且建议选材时重点参考以下测试内容：身高、跟腱长、学习能力、运用能力、助跑摸高、半"米"字移动、快速决策能力。

参考文献

［1］黎涌明，陈小平．英国竞技体育复兴的体系特征及对我国奥运战略的启示［J］．体育科学，2017，37（5）：3-10．

［2］王大卫．对运动员转项成才现象的初步研究［J］．体育科学，1993，13（4）：44-48．

［3］王金灿．初级选材年龄宽容度及其项群特点［J］．武汉体育学院学报，1996（3）：31-35．

［4］隗金水．运动员选材的选育结合理论与实证研究［M］．北京：北京体育大学出版社，2006．

［5］国家体育总局青少年体育司．中国青少年排球训练教学大纲［M］．北京：北京体育大学出版社，2012．

［6］国家体育总局．中国体育教练员岗位培训教材：排球［M］．北京：人民体育出版社，2004．

锻炼乐趣是否有助于养成
锻炼习惯的探究

西安体育学院　朱昭红

摘要： 本文综述了情感启发式决策策略在锻炼行为中的理论观点，即人们倾向于重复那些让他们感觉良好的事情，避免那些让他们感觉不好的事情。这一观点将决策中的变化归结为情绪加工的结果。初期的研究显示了情绪反应对锻炼行为具有预测性，这一系列的研究和理论为锻炼情景下的行为决策提供了一个新颖而有趣的潜在机制。未来研究应进一步明确情绪加工与现有认知因素和锻炼行为之间的关系，以及情绪加工对锻炼行为预测的心理学机制，为锻炼行为的理论发展提供基础。

关键词： 情绪；锻炼行为；情感启发式；双模式模型

众所周知，运动能够改善人们的情绪，有增加能量、降低紧张和焦虑的效果，研究还证明规律的健身运动可以有效地提升身体素质，预防和延缓慢性疾病如肥胖症、心血管疾病的发病率。尽管如此，为什么仍然有很多人不愿主动运动？近年来，越来越多的学者认为，锻炼中引发的情绪感受可能是阻止人们主动参与体育锻炼的重要因素之一。

一直以来，锻炼和情绪的研究焦点主要集中在心理健康问题上。有研究发现经过一段时间的锻炼之后，焦虑、抑郁等心理健康问题有明显缓解，这一研究的重要性不言而喻。近十年来，对于锻炼行为形成中情绪重要性的认识逐渐成为锻炼心理学领域的研究热点。运动在个体记忆中留下的不愉快的感受可能是阻碍锻炼行为的原因，反之，运动引发的良好情绪感受，或者说由锻炼产生的乐趣才是锻炼行为重复出现的动力。据此，国外学者开始对锻炼行为和情绪之间的关系和作用机制进行研究。

一、锻炼行为形成的理论演变

（一）锻炼行为的传统理论

当前锻炼行为常见的理论：计划行为理论（TPB）、健康信念模型（HBM）、自我效能感理论（SET）和跨理论模型（TTM）。这些理论主要基于一个基本假设，即人类总是在权衡利弊的基础上进行理性行为决策，因此这些理论均被称为认知理论。计划行为理论认为，人们锻炼行为的决策是通过锻炼行为态度、个体对周围人看法的主观判断和个体对行为控制感进行逻辑思考后所做的决定；健康信念模型认为，人们锻炼行为的决策取决于个体对健康威胁的感知程度，即个体通过判断某行为对健康的价值以及个体实现该行为的可能性大小进行行为的决策；自我效能感理论则认为，所有行为改变都受认知机制的调节，这种机制是"自我效能感"——个人对自己执行某行动以达到某目的的能力估计。自我效能感能影响锻炼意愿、付出努力以及归因，高自我效能的人会付出更多努力并将结果归因于内部稳定因素，锻炼意愿也更强烈；跨理论模型认为，在进行行为决策时，人们会反复权衡行为的利弊并最终选择利大于弊的行为模式。

上述理论的共性：将个体的行为决策过程刻画为一个理性的数据分析和加工过程，认为个体在进行行为决策时总是会从多个角度进行分析，权衡利弊，并选取利大于弊的行为。但是如果按照这些理论观点，现实中的"尽管人人都认为健康最重要，但采取体育锻炼的人群却相对较少"情况则无法解释。因此有学者认为，当前社会最好做的生意是健康保健，最难做的生意是健身，而且研究者们以这些传统理论模型为基础所提出的干预措施对锻炼行为的改变帮助并不大。

现有理论和现实之间的差异使研究者进一步思考了人类行为决策可能并非都是理性的。实际上，赫伯特·希尔所提出的经济学理论指出了人类的理性行为决策是有限的，其受到环境和人类认知能力的限制，也就是说，除了上述认知因素的影响，人类的行为决策可能还有其他非理性因素的存在。在此基础上，心理学家们开始寻找更能解释人类锻炼行为的理论观点。

（二）锻炼行为的双模式理论

促进决策的情感启发式理论，其基本原则是正性和负性情绪感受指导并直接影响人们的判断和决策，而且情感促进信息的整合，是行为最有利的动机。在此基础上，波士顿体能训练中心的体能训练主任罗伯兹提出：锻炼必须是快乐的，否则人们不可能继续坚持锻炼。他认为，所有的锻炼都应该是安全的、短暂的、容易的、有益的和快乐的，这样才能保证锻炼者坚持锻炼。这一观点也出现在当代的锻炼科学的著作中。帝希曼等人的研究指出，与了解锻炼的健康效益和信念相比较，在锻炼中感受到快乐和幸福似乎对激励个体继续参与锻炼更有利。之后，他进一步提出了，从长远来看，情绪变量比认知变量对个体参与体育活动更具有决定作用，而个体对体育锻炼健康效益的信念和知识可能在开始锻炼或者在中断后重新恢复锻炼时才具有激励作用，但是感受到快乐和幸福似乎对形成锻炼习惯具有强烈的推动性。有研究者认为，在锻炼期间和之后的情绪感受性可能对个体是否继续锻炼具有决定性作用。

近年来，有研究者提出了情感和锻炼行为关系的理论观点——双模式理论。该理论假设锻炼行为由两种因素交互作用决定，即自上而下的认知因素，如运动自我效能、自我表现的关注以及自下而上的内感受器信号，如化学感受器、压力感受器等，而且认知因素往往被认为是在运动强度较低时起作用。

鉴于此，锻炼心理学领域近十几年以来，越来越多的研究者开始关注锻炼所引发的情绪感受与锻炼行为之间的关系，以及对之后锻炼行为的预测作用及其机制。

二、情绪影响锻炼行为的实证研究

情绪对锻炼行为影响的研究主要关注以下三个方面。

（一）情绪和锻炼行为关系的研究

已有的十几篇文献对情绪和锻炼行为之间的关系提供了初步的支持，发现情绪和锻炼行为之间有显著的相关性，如证实了锻炼所引发的情绪反应能较多地解释锻炼行为的变化，或预测随后的锻炼行为。此外，研究还发现，引发正性情绪或者负性情绪会影响锻炼的意图，并提出了强调锻炼的情绪效益能够增加锻炼行为胜过强调对身体的益处。预期的积极情感体验对未来的锻炼行为具有预测性，并且证实了预期锻炼会产生不愉快的感受，即使实际所产生的感受并非如此，预期的感受也会成为其生活方式的预测因素。

可以看出，研究者对于将情绪因素作为锻炼行为动机因素之一的研究做了大量的探索，但由于现有的研究在情绪反应的概念界定、测量工具和研究方法上缺乏统一性。因此，有必要对这一领域进行深入研究。

（二）情绪对未来锻炼行为预测性的研究

对于"锻炼者为什么爱锻炼，不锻炼者为什么不愿意锻炼"这一问题，现有的锻炼行为的认知理论无法解释实际锻炼行为中的多种变化，而且按照这些观点制订的干预措施在改变锻炼行为中的作用也是有限的。

已有研究将情绪和当前锻炼行为的理论模型进行整合，探讨情绪和锻炼行为认知因素的交互作用，以及对锻炼行为的影响。如罗斯等人研究了自我效能感和情绪反应之间的关系，结果显示，个体自我效能和锻炼期间的疲劳感相关，指出情绪和自我效能可能影响了选择和保持规律运动的动机。艾克卡基斯研究了情绪反应、自我效能感和社会体格焦虑之间的关系。结果显示，锻炼强度增加后负性情绪增加，社会体格焦虑和情绪反应呈负相关，和自我效能感无关。研究指出了锻炼期间或之后所经历的情绪反应影响了个体的锻炼行为，负性情绪经历可能是体育参与降低的原因。威廉姆斯研究了来自自我决定理论所感知到的自主性和锻炼强度之间的关系如何影响人的情感反应。结果显示，高强度和当强度来自外在强加时自主性缺乏，两种情况下都对情感反应具有负性影响。尽管如此，已有研究中情绪对锻炼行为的影响机制无论从研究方法、数据采集、测量手段上都需要进一步探索和验证。如绝大多数研究采用情绪的自我报告测验，因此所测量的情绪感受是间接的，缺乏直接的情绪测量手段；另外，现有研究基本采用横断设计的研究方法，因而无法推导出情绪反应和锻炼行为形成之间的因果关系。

（三）情绪影响锻炼行为的心理学机制

为了进一步说明情绪影响锻炼行为的机制，有学者提出了熟虑–冲动模型（RIM）。该模型认为，当锻炼产生的情绪感受与锻炼行为多次共同出现，两者建立了情感联结储存在冲动系统中，并认为经常锻炼的人对锻炼有积极的情感联结，不爱锻炼的人对锻炼有消极的情感联结，为了验证这一机制的正确与否，需要验证这种情感联结是否真正存在，不少研究者对此进行了研究。

伊夫斯等人采用情绪启动范式探究空军新兵对步行的内隐态度，启动词是描述锻炼行为的单词，有高强度、中等强度、无意义三类，目标词为通用形容词，分为积极与消极两类，结果发现锻炼的被试与不锻炼的被试都是对消极目标词的反应显著快于积极目标词，此外，伊夫斯等人还在研究中引入情绪形容词，同样也分为积极与消极两类，结果发现锻炼水平高的被试组对积极目标词的反应显著快于消极目标词，锻炼水平低的被试组对消极目标词的反应显著快于积极目标词。

康罗伊等人用单类内隐联想测验，检验了情感联结对身体活动行为的前瞻性预测作用，认为在控制了对有意身体活动有明显影响的外显动机（效能信念、结果预期、行为意向和知觉行为控制）后，内隐的情感联结可以有效预测身体活动，发现情绪感受与每日的步数之间呈正相关。

布鲁姆克等人采用情绪启动范式将启动词分为与锻炼有关和与锻炼无关两类动词，将目标词分为通用的和与锻炼有关的形容词两种，这两种目标词又分别有积极与消极之分。研究结果发现，当目标刺激是与锻炼有关的形容词时，锻炼的被试对积极目标词的反应显著快于消极目标词，不锻炼的被试对消极目标词的反应显著快于积极目标词。当目标刺激是通用形容词时，发现被试之间的反应不存在显著差异，说明没有出现情感启动效应。

史伟锋通过情感联结实验范式研究不参与身体活动者与参与身体活动者之间情感启动效应的差异。结果表明，与身体活动相关的启动刺激对持续进行身体活动阶段的实验参与者存在情感启动效应；激活身体活动与积极情感的联结有助于增加身体活动行为。

马克兰等人在检测锻炼意象和锻炼态度对锻炼行为的调节作用时，测量被试的内隐态度，发现锻炼意象能够激发被试对锻炼积极的情绪感受，并且这种情绪感受和更多积极的内隐态度有关。

三、总结与展望

总体来说，情绪对锻炼行为的预测性已经获得大量研究的支持，并在不断地发展与完善，但仍存在以下问题。

（一）理论自身发展问题

尽管已有研究者提出了情绪影响锻炼行为的相关理论观点，但对于这一观点的研究证据仍显不足。很多研究证据表明了"快乐"不可能作为锻炼的记忆。按照人类进化的理论，往往快乐的事情不足以作为记忆保存下来，而那些对人类生存具有威胁作用的不快乐、不舒服和疼痛的记忆往往会保存下来。而锻炼心理学领域中很多研究证据也表明了锻炼中不舒服、不快乐和疼痛的感觉往往是个体不锻炼的一个强有力的因素。但这一点还没有被充分证实，需要更多研究来支持和巩固。同时，我们还需要更积极地探讨是否存在其他更合理的心理机制。

（二）研究方法问题

如前所述，近年来研究者们开始在一个新的情境下研究情绪和锻炼的关系。这一新研究趋势的基础假设是锻炼和情绪之间的关系比感觉良好效应更加复杂。因为现实中往往出现这样的情景：一些坚持锻炼的个体在锻炼时并未感觉良好，有些人甚至感觉不好。因此，未来应采用新的研究方法以确保任何非正性情绪变化不会被检测出来。这就需要：第一，完善测量方法。第二，追随整个锻炼期间的情绪变化，包括锻炼中和锻炼恢复期间。第三，检测不同运动强度的个体变化，而不是唯一的在某一水平的人群。第四，采用纵向研究和横向研究相结合的研究手段。

（三）研究方向的问题

现有研究多注重情绪预测锻炼行为的研究证据，通过影响和干预这些信念，可以达到改善甚至改变行为的目的。应该说，切实可靠的干预行为是该研究主题的一个重要特色。然而遗憾的是，目前很少有研究者运用该理论进行行为干预，绝大多数研究都停留在解释和预测行为上，这在很大程度上降低了该研究的实用价值。产生这种现状的原因可能是许多研究在测量方法上存在问题，它们不能提供有价值的信念基础，自然不能实现干预行为的目的，还有可能是研究者对干预行为意义的认识不够，所以，提高测量方法，提高对干预行为意义的认识，都将提高计划行为理论的实际应用价值。

参考文献

［1］蒋长好，左伟. 运动积极情绪的界定和测量［J］. 河北体育学院学报，2009（3）：66-68.

［2］陈坚，姒刚彦，夏明. 《锻炼诱导情绪问卷》的检验［J］. 武汉体育学院学报，2007，41（7）：48-50.

［3］张韧仁，周成林. 一次性身体活动期间情绪变化及其短期情绪效益［J］. 体育科学，2013，33（1）：52-61.

［4］徐明胜，赵永林，黄平. 不同体育锻炼时间诱导情绪的研究［J］. 体育科技文献通报，2012，20（2）：78-79.

［5］李卫星，王全军. 不同体育运动对大学生锻炼诱导情绪的影响研究［J］. 陕西科技大学学报，2012，30（1）：174-177.

［6］许锋. 对学生体育锻炼主观情绪体验的研究［J］. 中国校外教育，2010（12）：1152，1170.

［7］DISHMAN R K. The Problem of Exercise Adherence：Fighting Sloth in Nations with Market Economies［J］. Quest，2001，53（3）：279-294.

［8］GELLERT P，ZIEGELMANN J P，SCHWARZER R. Affective Health-Related Outcome Expectancies for Physical Activity in Older Adults［J］. Psychology Health，2012，27（7）：816-828.

［9］AGENCY H D. The Effectiveness of Public Health Interventions for Increasing Physical Activity Among Adults：a Review of Reviews［J］. Nice. org. UK，2004.

［10］KIVINIEMI M T，VOSS-HUMKE A M，SEIFERT A L. How do I Feel About the Behavior? The Interplay of Affective Associations with Behaviors and Cognitive Beliefs as Influences on Physical Activity Behavior［J］. Health Psychology，2007，26（2）：152-158.

［11］LAWTON R，CONNER M，MCEACHAN R. Desire or Reason：Predicting Health Behaviors from Affective and Cognitive Attitudes［J］. Health Psychology，2009，28（1）：56-65.

［12］MOHIYEDDINI C，PAULI R，BAUER S. The Role of Emotion in Bridging the Intention-Behaviour Gap：the Case of Sports Participation［J］. Psychology of Sport and Exercise，2009，10（2）：226-234.

［13］GABRIEUA N，RHODES R E. Affective Judgment and Physical Activity in Youth：Review and Meta-Analyses［J］. Annals of Behavioral Medicine，2013（3）：357-376.

［14］RHODES R E，FIALA B，CONNER M. A Review and Meta-Analysis of Affective Judgments and Physical Activity in Adult Populations［J］. Annals of Behavioral Medicine，2009，38（3）：180-204.

［15］CONNER M，RHODES R E，MORRIS B，et al. Changing Exercise Through Targeting Affective or Cognitive Attitudes［J］. Psychology and Health，2011，26（2）：133-149.

［16］RUBY M B，DUNN E W，PERRINO A，et al. The Invisible Benefits of Exercise［J］. Health Psychology，2011，30（1）：67-74.

［17］RHODES R E, NIGG C R. Advancing Physical Activity Theory: a Review and Future Directions［J］. Exercise and Sport Sciences Reviews, 2011, 39（3）: 113-119.

［18］CALITRI R, LOWE R, EVES F F, et al. Associations Between Visual Attention, Implicit and Explicit Attitude and Behaviour for Physical Activity［J］. Psychology and Health, 2009, 24（9）: 1105-1123.

［19］KWAN B M, BRYAN A. In-Task and Post-Task Affective Response to Exercise: Translating Exercise Intentions into Behaviour［J］. British Journal of Health Psychology, 2011, 15（1）: 115-131.

［20］SCHNEIDER M, DUNN A, COOPER D. Affect, Exercise and Physical Activity Among Healthy Adolescents［J］. Journal of Sport and Exercise Psychology, 2009, 31（6）: 706-723.

［21］WILLIAMS D M. Exercise, Affect and Adherence: An Integrated Model and a Case for Self-Paced Exercise［J］. Journal of Sport and Exercise Psychology, 2008, 30（5）: 471-496

［22］WILLIAMS D M, SHIRA D, JENNINGS E G, et al. Does Affective Valence During and Immediately Following a 10-Min Walk Predict Concurrent and Future Physical Activity［J］. Annals of Behavioral Medicine, 2012（1）: 43-51.

［23］BERGER B G, DARBY L A, OWEN D R, et al. Implications of a Behavioral Weight Loss Program for Obese, Sedentary Women: a Focus on Mood Enhancement and Exercise Enjoyment［J］. International Journal of Sport and Exercise Psychology, 2010, 8（1）: 10-23.

［24］FOCHT B C. Brief Walks in Outdoor and Laboratory Environments: Effects on Affective Responses, Enjoyment and Intentions to Walk for Exercise［J］. Research Quarterly for Exercise and Sport, 2009（3）: 611-620.

［25］] FOCHT B C. Feeling States During Exercise: Influence of

Individual Differences in Perceived Evaluative Threat [J] . European Journal of Sport Science, 2011, 11: 97–203.

[26] KWAN B M, BRYAN A D. Affective Response to Exercise as a Component of Exercise Motivation: Attitudes, Norms, Self–Efficacy and Temporal Stability of Intentions [J] . Psychology of Sport and Exercise, 2010, 11 (1) : 71–79.

[27] ROSE E A, PARFITT G. A Quantitative Analysis and Qualitative Explanation of the Individual Differences in Affective Responses to Prescribed and Self–Selected Exercise Intensities [J] . Journal of Sport and Exercise Psychology, 2007, 29 (3) : 281.

[28] ROSE E A, PARFITT G. Can the Feeling Scale be Used to Regulate Exercise Intensity [J] . Medicine and Science in Sports and Exercise, 2008, 40 (10) : 1852–1860.

[29] ROSE E A, PARFITT G. Pleasant for Some and Unpleasant for Others: a Protocol Analysis of the Cognitive Factors that Influence Affective Responses to Exercise [J] . International Journal of Behavioral Nutrition and Physical Activity, 2010, 7 (1) : 15.

[30] ROSE E A, PARFITT G. Exercise Experience Influences Affective and Motivational Outcomes of Prescribed and Self–Selected Intensity Exercise [J] . Scandinavian Journal of Medicine and Science in Sports, 2012, 22 (2) : 265–277.

[31] FOCHT B C, KNAPP D J, GAVIN T P, et al. Affective and Self–Efficacy Responses to Acute Aerobic Exercise in Sedentary Older and Younger Adults [J] . Journal of Aging and Physical Activity, 2007, 15 (2) : 123.

[32] BLUEMKE M, BRAND R, SCHWEIZER G, et al. Exercise Might Be Good for Me, But I don' t Feel Good about It: do Automatic Associations Predict Exercise Behavior? [J] . Journal of Sport and Exercise Psychology, 2010, 32 (2) : 137–153.